The Internet as an Artistic Medium

作为艺术媒介的网络

甘华 ◎著

北京交通大学出版社

· 北京 ·

图书在版编目（CIP）数据

作为艺术媒介的网络 / 甘华著. —北京：北京交通大学出版社，2023.6

ISBN 978-7-5121-4962-5

Ⅰ. ①作… Ⅱ. ①甘… Ⅲ. ①互联网络 — 应用 — 艺术 — 传播媒介 — 研究 Ⅳ. ① G206.2-39

中国国家版本馆 CIP 数据核字（2023）第 089178 号

作为艺术媒介的网络
ZUOWEI YISHU MEIJIE DE WANGLUO

责任编辑：高振宇　　　助理编辑：廖志平
出版发行：北京交通大学出版社
电　　话：010－51686414　　http：//www.bjtup.com.cn
地　　址：北京市海淀区高梁桥斜街 44 号　　邮编：100044
印 刷 者：北京虎彩文化传播有限公司
经　　销：全国新华书店
开　　本：170 mm×235 mm　　印张：11.25　　字数：233 千字
版 印 次：2023 年 6 月第 1 版　　2023 年 6 月第 1 次印刷
定　　价：52.00 元

本书如有质量问题，请向北京交通大学出版社质监组反映。
投诉电话：010－51686043，51686008；E-mail：press@bjtu.edu.cn。

前言

PREFACE

艺术史表明，艺术家总是寻求新的艺术形式和非传统的媒介来表达他们的艺术原则和观念。20 世纪初开始兴起的各种前卫运动从根本上挑战了传统的艺术观念。从这些革新运动中涌现出来的艺术家在创作中引入了新的非艺术性材料，如书籍、杂志、衣服、家居用品和许多其他日常物品，证明了它们一样可以作为完美的艺术媒介，并且声称真正的艺术家应该可以用任何东西创作艺术作品。这就是混合媒体艺术的诞生，标志着艺术发展进入一个激动人心的新时代。

自 20 世纪 60 年代，人们就开始处理融合视觉艺术和技术的想法。1967 年，人们第一次尝试在创作过程中将技术和艺术结合在一起。当时，纽约的一群艺术家，包括约翰·凯奇、罗伯特·劳申伯格、罗伯特·惠特曼和伊冯·雷奈尔等，与世界著名的贝尔实验室的工程师和科学家合作，创造了融合新技术的突破性表演。这些首次出现的装置作品和行为表演促进了技术在艺术创作中的应用，为数字艺术的进一步发展奠定了基础。

技术的发展一直与革新的艺术概念并驾齐驱，并改变了艺术的创作和分享的方式，使突破性的艺术家及其创新的表达方式能够超越艺术界的传统界限，获得更多接触全新的受众群体的机会。我们可以设想一下，如果没有丝网印刷技术和便于使用的摄像机，安迪·沃霍尔的大量作品是否会朝着同样的方向发展？

后来的艺术家在创作过程中不仅仅把技术创新作为辅助手段。许多艺术家和艺术专业人士正在通过利用这些强大的技术和工具作为艺术和设计的媒介来改变艺术世界，使他们能够创作出引人注目的、身临其境的和极具吸引力的艺术作品，而且这些作品兼具多学科融合和创新的特征。

20 世纪 90 年代带来了互联网，开启了技术革命的道路。人们很快认识到这个全球虚拟网络的巨大可能性，数字艺术领域由此开始蓬勃发展。互联网帮助了许多艺术家，使他们的作品更加引人注目，增加了面对世界范围观众的可访问性。先进的技术也使艺术家能够改变和操纵他们的艺术作品，从而使网络成为一个重要的艺术媒介。

在过去的几十年里，因为互联网无限的沟通的可能性和无限的对数据的访问，它彻底地改变了我们生活的方方面面，同时也带来了全新的创建、分享和鉴赏艺术的方式，使网络成为自 20 世纪中叶以来最具颠覆性的艺术媒介。网络艺术也因此被认为是当代艺术的一个重要领域，成为学术界关注的主题。在超过 30 年的历史过程中，它发生了很大的变化。理论家和评论家对网络艺术的各种研究方法也得到了发展。这也使得“什么是网络艺术”这个问题无法得到明确的答案。

网络艺术是否代表了只有在网络环境中才能展示的非物质化艺术？它的名称是否说明了它所使用的媒介？就如同我们所熟知的视频艺术或大地艺术一样？它是“网民”创作的艺术吗？从社会文化的角度来定义，“网民”是指互联网的居民吗？它是否与万维网出现之前的集体性的过程艺术作品和社会雕塑的概念有关？我们能否在它的标题下包括一条微博推送或者一个受到互联网启发而创作的金属装置作品吗？尽管中文“网络艺术”一词泛指了网络艺术自出现至今的实践，但是在英文语境下，曾出现过多个名称指代这一类型的艺术实践，比如 net.art 和 networked art。那么，它们是同义词吗？它是一个艺术运动还是一种艺术形式？网络艺术是否代表了当代艺术的一个历史时期?

本书内容包含了多种多样的互联网艺术形式，用来创造互联网艺术的工具和设备，同时还讨论了更广范围的文化含义和这些作品的历史重要性。本书涵盖了互联网出现之前的邮件艺术、网络艺术以及后互联网时代的艺术作品，模糊了设计和艺术界限的艺术家所设计的软件和项目、产品开发、社会活动及其传播。本书还展现了艺术家如何利用在线的科技，结合传统的艺术历史，创作艺术的新形式，并进入超出传统艺术范畴的领域。

对于网络艺术的存在和理解，本书旨在提供一个起点，以寻找这些问题以及类似问题的答案。本书可以视为对20世纪和21世纪艺术世界的一个特定领域及其相关话题的讨论和梳理。本书也将网络艺术视为一种发展中的艺术形式。本书的组织结构按照网络艺术的发展的时间顺序安排，希望为读者理解网络艺术现象提供一个视角、一个维度。

目录

CONTENTS

第一章 互联网作为审美的媒介

当今社会，无处不在的互联网使用对社会整体和个人的日常生活产生了深远的影响。互联网改变了世界的运作方式，它在政治、社会生活和经济中的影响是多方面的。研究人员已经展示了互联网如何改变社会乃至日常生活的运作方式，生活的碎片化如何成为可能，或者数字经济中的垄断是如何演变形成的。本章将关注与将互联网作为审美媒介的使用相关的问题。互联网作为一种独立的审美媒介是否存在？如果存在，它的特点是什么？其目的不仅在于探索媒介的审美维度，还在于将其与其他功能联系起来，如知识性功能或传播性功能。同时，本章还将探究媒介的使用是如何影响艺术作品的作者身份，网络媒介的审美特征如何塑造艺术作品的作者身份、合作和意图。这是通过分析将互联网作为审美媒介的艺术实践来实现的。网络作为一种媒介，其审美功能不同于其信息提供功能和交流传播功能。它需要操纵媒介以实现特定的审美目标。而这些媒介是人、物、人工智能和信息的数字化实例或表征之间的永久的和即时的互联性来定义的。

第一节　互联网作为审美媒介的特征

媒介的概念对于分析互联网上的艺术和审美体验非常有意义，因此讨论互联网作为审美媒介的具体特征是非常有必要的。把互联网作为一种审美媒介来谈论是否有任何帮助？如果有，它对所有与互联网相关的审美现象都有效吗？还是它只对某些特定的艺术形式有效？

在加拿大学者大卫·戴维斯（David Davies）看来，“在最普遍的意义上，媒介是将某些物质或内容从一个来源传输到一个接收站点的手段”。这里我们讨论的重点是作为艺术或审美媒介的互联网。对它的考察将依赖于审美媒体和物理媒体的区别，审美媒体和信息媒体的区别，以及互联网和其他电信媒体的区别。这将使我们看到互联网作为一种媒介的独特功能，即数字化实体之间的永久的和即时的互联性。

一、信息、传播与审美媒介的区别

互联网既是信息媒介，也是审美媒介。这就是为什么互联网作为一种审美媒介的任何特征都包含了信息媒介的特征。也就是说，信息媒介是一个更广泛的术语，但可能不包括它的美学方面。互联网作为一种信息媒介可以传播其他媒体。例如，一个人可以通过互联网的流媒体服务观看电影。互联网作为一种信息媒介，也只能向一个方向传播信息，因此它模仿了更为传统的大众媒体。例如，我们在网上阅读的新闻的创作通常仍然是中心化的。但与此同时，信息媒介和审美媒介之间的区别并不能真正说明内容是面向大众受众还是仅面向分散的爱好者。它只能说明它可以被使用，但传播并不一定发生，并且信息只是单向流动。这包括了对其他媒体的分发，而不涉及互联网作为一种媒介的其他功能。比如，我们使用互联网时并没有利用其作为审美媒介的功能，而只是传播其他媒体的已有特征。在这种情况下，我们仅是将其用作信息性的媒介。

互联网也是一种传播媒介，这意味着它主要是方便用户之间的交流。具体来说，它使消息和信息的双向交换成为可能。信息和传播媒体之间的这种区别强调了大众媒体和后大众媒体之间的区别，即大众媒体功能的作用是信息，而后大众媒体功能的作用是传播，如博客、百科、地图协作、聊天网络、社交软件网络等。但是，作为传播媒介的互联网和作为审美媒介的互联网有什么区别呢？互联网作为一种审美媒介，比仅仅作为一种传播媒介有着更具体的用途。如果媒介本质上是传递或传播某种东西的手段，那么在欣赏一件作品时，为了自身的目的而去欣赏媒介就不仅仅是关注传播的内容，而是关注该事物的传播方式。我们不仅是为了交换信息。当我们把互联网作为一种审美媒介时，我们也意识到这种形式是媒介操纵的一种巧妙结果。大多数互联网上创作的内容都是传播方式在媒介内部展开的结果。媒介中发生的传播可以由艺术家在特定的艺术作品中进行操纵，或者用户之间的传播可以成为操纵内容的作者身份的一部分。这种对传播的操纵是互联网作为审美媒介的本质。从后面讨论的模因案例中可以看到，作为传播媒介的互联网如何被用作审美媒介，以及这如何也与媒介中通常出现的各种作者身份相关。

二、审美媒介、媒介怀疑论与“后媒体”

为了探究互联网是否是一种特定的审美媒介，首先有必要定义什么是审美媒介。如果互联网是一种审美媒介，它的特征在多大程度上决定了其使用的可能性？作为一种审美媒介，互联网必须具有特定的审美属性，以区别于其他媒介用途。在这方面，戴维斯提出的审美媒介的一般概念非常有效。他声称：“把一幅绘画作品想象成在一种艺术媒介中，就是把它的可感知的属性与它的创造者的行为联系起来，而创造者在这种媒介中有目的的的创作就是这些属性的来源。”对戴维斯来说，艺术家的意图可以从他操纵媒介的方式中看出，这就是艺术家的意图和作者身份是如何与媒介的美学属性相联系的。

媒体怀疑论和后媒体的主张在某种程度上挑战了特定审美媒体的概念，至少限制了媒体本身影响其使用的可能性的方式。然而，如克莱夫·贝尔（Clive Bell）和克莱门特·格林伯格（Clement Greenberg）被认为是媒体纯粹主义者的一些理论家，他们认为每种媒介的使用方式都应该由该媒介的性质决定。这一立场遭到了媒体怀疑论者诺尔·卡罗尔（Noël Carroll）的反对。卡罗尔反驳了被他称之为“媒介特异性命题”的观点，即每种艺术形式凭借其媒介都有其独特的发展领域。他概述了如同格林伯格一样的本质主义者对媒体的观点：“从原则上讲，一件现代主义艺术作品必须全部依赖于在其媒介最为基本的性质中被给予的经验秩序。”相反，卡罗尔认为我们并不知道媒介的哪些特征是重要的，除非我们让这种媒介有其用途。因此，他否认了在实际使用之外定义媒体功能的可能性。卡罗尔在他后来的论文中声称，特定媒介的特征确实很重要。例如，一部电影想要富有哲理，它就必须根据自己的条件，使用电影这一媒介所特有的功能，而不是简单地重复哲学家说过的话。因此，我们实现某件事的方法手段变得很重要。因此，在这个例子中，卡罗尔接受了一个反驳媒体怀疑论的观点。关于媒体怀疑论的争论，我们应该区分两种涉及互联网的艺术：互联网艺术和使用互联网作为审美媒介的艺术。互联网艺术是一个相当广泛的概念，包括在互联网上制作和传播的数字形式的艺术和在这个媒介之外对互联网文化做出回应的艺术。这不同于以互联网为媒介的狭义的艺术概念，也不同于在本章中讨论的与操纵数字互联性有关的艺术类型。就互联网艺术而言，人们可能会支持媒体怀疑论，因为这个媒介与艺术之间没有紧密的联系。但对于使用互联网作为审美媒介的艺术来说，直觉并没有那么强烈，媒体怀疑论可能未必准确。在研究了模因这一使用互联网作为审美媒介的艺术实例之后，我们将回顾这一论断。

本章研究的另一个断言是，我们生活在后媒体时代。列夫·曼诺维奇（Lev Manovich）表示，"在美学的层面上，网络建立了一个多媒体文档"，这对他来说意味着"艺术对象的身份与其媒介之间传统的牢固联系被打破"。[①] 数字技术允许以数字形式复制大多数其他媒体，并通过互联网进行消费。这是否意味着把互联网作为一种特定的媒介来谈论是没有意义的呢？前面提到的信息、传播和审美媒介之间的差异可以部分地回答这个问题。下面我们还将进一步探讨物质媒介和审美媒介之间的区别，并将互联网与其他媒介进行比较，然后再回顾互联网作为一种特定的审美媒介。最后，我们将研究一个互联网媒介中的具体的艺术案例，以展示互联网作为一种审美媒介的功能，即操纵数字化实体的永久的和即时的互联性。

三、物质媒介与审美媒介的区别

在分析互联网作为审美媒介时，需要强调的一个关键区别是审美媒介和物理性媒介之间的区别。同样，在思考作为媒介的互联网时，区分它的物质基础和它作为审美媒介的功能很重要。

作为信息媒介的互联网和作为审美媒介的互联网都不同于作为物理性媒介的互联网。如果具体的物质中包含信息，则可以从更抽象的角度将该物理媒介视为信息媒介。只要它们允许"信息管理"的转换，媒介的物理转换并不重要。所谓的"信息管理"是一种操纵信息形式的活动，即选择适当的媒介来容纳、传播和操纵信息。因此，在更抽象的信息媒体层面上，唯一重要的是信息管理转换。这就是为什么"一个系统是一种信息媒介，在某种程度上，它是媒介与其他媒介之间的转换……这些转换可以被视为

① http://manovich.net/index.php/projects/post-media-aesthetics.[2022-12-02].

信息的保存转换”[①]。换言之，只要信息在从一种媒介传输到另一种媒介时得到保护并且保持了完整性，我们就在谈论信息媒体。

戴维斯接受了对审美媒介和物理媒介之间的区别看法，他提到约瑟夫·马戈利斯（Joseph Margolis）和亚瑟·丹托（Arthur Danto）是这种区别的支持者。例如，丹托声称，总有一些物质的残留物无法蒸发成纯粹的内容。然而，即使如此，媒介与物质之间也必须加以区别，因为我们可以从这样一个事实中看出：这种判断虽然可以适用于毫无内容的图画，却不能适用于构成图画的纯粹的物质，它们不能直接适用于真实的对象；它们也不适用于同样也是真实对象的纸和墨水。丹托区分物理媒介和审美媒介的论点是，你不能将同一种审美属性同时应用于物质媒介和审美媒介。如果你说一幅画很美，并不意味着绘画所依存的画布也很美。从这个角度来看，艺术媒介允许通过创造性的行为来表达，并与构成它的物质材料分离。

以互联网为例，有目的性的创作受到互联网作为媒介的所有可能性的制约。作为物理性媒介的互联网会是什么样子呢？它包括各种资源和基础设施，如光缆、粗厚的海底电缆、卫星、路由器、服务器、电脑、智能手机等。这里讨论互联网作为一种媒介的重点不是关注屏幕或软件等物理组件，这些只是媒介所依赖的载体。相反，重要的是我们对这种媒介物质性的使用，什么是美学表达的基本要素，什么会在这种中介中脱颖而出。

四、互联网与其他媒介的比较

互联网作为一种媒介，它与较老的电信媒体，如广播电台和电视、电话和业余无线电等进行比较，每一种都与互联网作为一种媒介有一些相似之处，但又都存在技术上的缺陷。这些缺陷使得它们无法发展出互联网的显著特征。这将使我们能够看到为什么可比较的媒体没有以同样的方式在

---

① Vakarelov，Orlin. “The Information Medium.” http: //www.u.arizona.edu/~okv/Papers/Info_medium.pdf？ origin=publication_detail，p. 5. [2022-12-02].

美学上使用，也确立了互联网作为一种审美媒介的独特性。

传统的广播媒体，如电视和广播等，似乎对传播、美学设计以及事物的审美感知有着强烈的美学上的影响。尽管互联网和电视之间有一些相似之处，比如，在电视和广播的现场直播节目中或已经录制好的节目中，人与某物或某人的电视图像之间的即时的时空关联，但是它们仍然存在显著的差异。比如，电视似乎很擅长从一个特定的地方传递信息。更具体地说，电视和电台的广播，即使实现了连接，也是通过集中式的来源实行的。当然，这对电视和广播的传播方式产生了深远的影响。信息只朝一个方向流动，从发射端流向公众，这意味着只有一个节目被传输到接收者那里。另一点是，观众或听者通常是被动的，只是吸收了可用的内容。但在互联网上，情况并非如此，用户可以在数字互联的情况下非常活跃。这就是为什么我们与广播没有真正的互联，即使我们确实能获得即时的信息。然而，广播电台和电视之所以都是重要的相关媒体，是因为它们经常播放需要存储在电影和视频等技术中的信息内容。这一特征表明，广播作为一种信息媒介是多么强大，这意味着它传播了视频和电影等其他审美媒体。这也是一些媒体，如电话或业余无线电所缺乏的，或不太如此使用的功能。可以说，广播媒介在本质上更专制，而互联网是一种更民主的技术，或至少具有更民主的潜力，因为任何人都可以制造信息，成为编辑中心。将大众媒体功能（包括广播和电视）与后大众媒体功能进行对比，考虑到后者可以获得和传播更多的替代性的利益、信息和产品，因此它是分散的，不像传统大众媒体那样的主流。

如果我们回顾更久远的电信历史，我们可以将互联网与电话和电报进行比较。电话和电报都是所谓的双工设备，这意味着它们可以同时双向传输信号。传输的消息为文本或语音。这与电视大不相同，电视只在一个方向上传输，信号包括运动图像。这些技术允许两个用户之间的连接，但这种连接并不是真正的互联，因为它通常不提供来自不同随机位置的更多用户连接的可能性。这种连接不是中心化的，但由于它通常只连接两个用户，因此没有能和广播媒体或互联网关联在一起进行比较的特征，即大众受众。广播媒体和互联网的共同之处就是都有大众受众。另一个区别是，电话和电报没有被充分利用作信息媒体，因为它们通常不分发其他已存储的媒体。

与互联网更相似的媒介是业余无线电。业余无线电操作员通过不同的方式进行通信，包括莫尔斯电码、模拟语音、图像模拟传输以及语音和文字的数字传输。其中，最古老的方法是莫尔斯电码，从 19 世纪开始使用。莫尔斯电码是数字的，因为它是以二进制形式编码表示的传输（以点和横线表示，持续时间比为 1 : 3）和不传输（也以 1 : 3 持续时间比表示，其中长度为 1 的静默表示点或横线之间的字母内空间，长度为 3 的静默表示字母之间的空间）。当发送或接收莫尔斯电码时，人就成了编码器和解码器，相当于完成了计算机的工作。

由于业余无线电是去中心化的，允许两个用户之间的即时连接和即时互联，所以业余无线电可能是最类似于互联网的通信形式。通过业余无线电的即时互联，意味着更多的用户可以在电磁频谱中分配给业余无线电的那一小部分内加入相同的无线电频率。它比电话和电报有更多的可能性，因为它不仅仅传输语音或文字消息。业余电视和慢扫描电视用于传输图像、视频和声音。这些方法可能晦涩难懂，但很有创新性，使业余无线电的使用更加多样化。但即使有了这样的功能，业余无线电也无法满足成为互联网一样的媒介的所有必要条件。业余无线电缺少的是永久性的特点。尽管业余无线电具有用户对用户、非集中式功能的特点，但它没有永久性的点来保存信息，并且可以让用户随时访问这些信息。通过互联网的互联通常是异步的，因为它允许在选定的时间访问信息，这让用户有时间创造性地响应现有内容。面对面的通信和业余无线电通信主要允许同步的连接。这使得业余无线电作为一种审美性的协作媒介，与互联网相比受到更多的限制。

五、作为审美媒介的互联网

到目前为止，我们已经论述了信息媒介、传播媒介和审美媒介之间的区别，以及物质媒介和审美媒介或信息媒介之间的区别。从前面几节可以看出，互联网可以是所有这些类型的媒体。接下来，我们还将互联网与其他电信媒体进行比较，并揭示哪些功能能将它们分开。然而，我们仍然需要具体说明互联网作为一种审美媒介的特点，即确定该媒介的具体的审美功能是什么。

前述已经提到过，当我们把互联网作为一种审美媒介使用时，对传播的操纵就会发生。或者更准确地说，互联网作为一种媒介的特点是人、物、人工智能（AI）和信息的数字化实例或表征之间具有永久的和即时的互联性。这意味着，当一个艺术家将互联网作为一种艺术媒介时，他会通过这种数字化表征的互联性来表达自己。换句话说，我们可以断言，通过使用互联网作为一种媒介，艺术家操纵这种数字化的互联性，以实现某种艺术声明或目的。

这种特征是如此广泛，它包括使用任何类型的互联网平台，如社交媒体或更个性化的博客、网络搜索引擎或不同的论坛，因为每种平台都有特定形式的互联性，但它也允许不同类型的艺术性的表达。既然互联网的重点是互联性，那么互联的是什么成为解开这个谜团的关键部分。相互连接的不是人类或人工智能，而是他们在媒介中的实例或表征。这里提到了数字化的实例和表征，因为并非所有在互联网上相互连接的东西都是某个事物的表征；有时，相互连接的东西可能只是数字化代码的一个实例，它代表着它自己，而不是指向数字化存在之外的东西。

所谓数字化，指的是通常用数字 1 和 0 表示的二进制代码，用于传输或存储不同的数据格式，包括人、事物、人工智能和信息的实例或表征。所谓互联性，指的是网络的任何部分和网络的任何其他部分之间的连接。

互联网被称为网络的网络，因为它可以实现不同设备和设备网络之间的互联。对于用户来说，这意味着他们可以同时连接到任何其他个体用户或所有其他群体用户。与一些旧的电信媒体不同，信息并非仅从单一的中心化来源传输，也没有两个用户之间只有唯一一个连接这样的限制。这里所指的即时性的意思是存在一种几乎即时的连接，它可以消除被数字化表征的用户之间的时空差距。当谈到永久性时，意思是所有相互关联的东西，即人、物、人工智能和信息的数字化实例或表征，不仅存在于瞬间，而且通常以某种形式存储在服务器上，或通过点对点（peer-to-peer）技术存储，在这种情况下，每个人都既是服务器，也是用户。

数字化形式的事物在相互联系的必要性中，通常会丢失一些东西。例如，社交网络上的传播可能会导致个人身份感知上的细微差别的消失，反而会促进更强的对群体成员的认同。狭隘并封闭的网络社区的形成进一步加剧了意见的两极分化。换句话说，事实上，我们谈论的是被表征的人和事物，这意味着我们通过操纵这种表征得到的结果与面对面得到的结果或许会截然不同。

六、作为媒介的互联网如何制造模因

互联网作为一种艺术媒介具有这种特定的功能，即操纵数字化的互联性，通过将其应用到实际的艺术实践中来说明这个特定的功能。美国学者丹尼尔·瓦克（Daniel Wack）表示："艺术媒介是一个艺术批评的概念。作为一个艺术批评的概念，一种艺术形式的媒介是什么，只有通过艺术家在这种形式的作品创作的过程中发现它的可能性，才能被了解。"① 为了描述互联网作为艺术媒介的功能，这里我们考察一个实际的例子，它要么使用这些功能，要么对其提出质疑。

---

① Wack, Daniel. "Artistic Medium." https: //iep.utm.edu/artistic-medium/.[2022-12-03].

互联网模因是一种典型的互联网原生形式。这是利用了互联网作为媒介的大多数特征的互联网现象。模因被认为是一种文化信息形式，通过互联网平台传播，并经常演变。最著名的互联网模因类型之一是图像宏，通常在中心包含图像，在顶部和底部包含文本。图像宏的创建可以最好地被解释为数字化互联性的典型和方便使用的实践。它是一种元层面的活动。在这种活动中，这些图像宏的例子被讨论、评论、投票、收集、回复，等等。虽然模因的定义利用了互联网作为媒介的功能，但将模因仅理解为带有文本的图像。比如，类似于芭芭拉·克鲁格（Barbara Kruger）的艺术作品，这意味着它们没有使用这种功能。如果我们认识到媒介的特性如何影响最终的作品，这意味着互联网作为媒介对某些类型的艺术作品特别有益。

模因的一个具体例子是曾经风靡一时的“成功小子（Success Kid）”[①] 模因，它的图像宏的形式通常由具体的图像和叠加的文本组成。图像上的形象总是一个婴儿紧握着装满沙子的拳头，在深浅不一的蓝色背景下表现出自我满足并励志的表情。这个主题出乎意料的成功。文本通常是根据现有实例和记忆实践所演变而来的规则进行更改。在“成功小子”模因的例子中，这种元层面的讨论发生在各种社交媒体平台上，在这些平台上，用户对模因的实例进行了评论和投票。

模因是一个只能在互联网媒介中创建的成功的艺术形式。通过这个案例，我们可以得出结论，模因必然是网络作为一种审美媒介的特定功能的结果。在后续章节中，我们将详细解释在模因案例中对数字化互联性的操纵是如何发生的，以及讨论这一类型的艺术作品中的作者身份问题。

① https: //knowyourmeme.com/memes/success-kid-i-hate-sandcastles.[2022-12-03].

七、反对媒体怀疑论和“后媒体”论题

这里先回顾一下媒体怀疑论的立场，即声称特定的审美媒介没有具体的特征和局限性。相反，这个模因的例子展示了互联网是如何具有一些值得研究的特殊特征的。操纵数字互联性似乎是互联网独有的美学功能。

同样，关于后媒体声称在数字技术内复制其他媒体可能消除了媒介与艺术作品之间的关系，可以说，这种媒体复制并不意味着互联网作为一种媒介没有一些独有的特征，也不意味着媒体之间没有区别，即使它们可能具有一些共同的特征。如果我们通过网络流媒体服务观看电影，我们是通过关注电影的媒介特征来理解它的意义；也就是说，我们依靠的是叙事和动态画面来理解电影。在这种情况下，我们不是把互联网作为一种审美媒介，而是作为一种信息媒介，因为在看电影的语境中，互联网只传播了其他媒介的特征，更准确地说是电影的特征。这就是为什么我们生活在一个后媒体时代的观点可能被夸大了，尤其是如果它忽略了互联网作为一种媒介的特性的话。尽管在互联网的语境下，媒体的混合是很常见的，但仍然有一些特征是互联网作为一种审美媒介所独有的。

似乎媒体怀疑论和后媒体理论都没有足够有力的论据来得出结论，即没有必要讨论互联网作为审美媒介的具体情况。相反，将互联网描述为人、物、人工智能和信息的数字化实例或表征的永久的和即时的互联性，似乎有助于我们把握这种媒介具体的可能性。

第二节　网络艺术中的作者身份

模因是如何在这种媒介中满足成为艺术作品的条件的？网络艺术作品是利用互联网的审美特征而创作的，这意味着什么？模因与其他一些也是

在这种媒介中创作的艺术作品之间有什么关系？为了回答这些问题，我们还需要解释诸如模因之类的作品的作者身份问题。在本节中，我们将进一步考察互联网作为一种媒介对作者身份、合作和意图的影响。我们首先讨论另一个将互联网作为审美媒介的艺术作品案例，然后将其与模因进行比较，以展示在这种媒介中进行创作时对作者身份、合作和意图所采用的不同方法。为了解释互联网上的作者身份，我们将探讨作者身份、集体作者身份、多作者身份和共同作者身份的一般性概念，同时还将把互联网与其他协作性媒体进行比较。这将是解释模因在现实中如何使用互联网作为审美媒介，以及它们支持何种作者身份的基础。

一、以互联网为审美媒介的艺术作品中的作者身份

为了解释模因的作者身份，我们先考察一个与模因不太相似的对比案例，但它仍然说明了特定的艺术作品如何突出互联网的不同方面或功能。这个例子描述了作者身份传统上是如何与艺术作品及其显著属性联系在一起的，即使这个例子本身是通过使用互联网作为审美媒介创作的。这个例子也巧妙地遵循了戴维斯关于作者身份和意图的概念。

柏林艺术家西蒙·韦克特（Simon Weckert）经常研究特定的算法和技术如何影响我们的社会。在他名为 *Google Maps Hacks*[①] 的艺术作品中，他研究了由谷歌地图等在线平台所塑造的社会现实。这个作品包括一场行为表演，由一个人拉着装满 99 部智能手机的手推车，在空旷的街道上慢慢行走。所有手机中的应用程序都向谷歌地图报告了它们的位置。作为对手机位置的响应，应用程序本身将地图上描绘街道的颜色从绿色改为红色，表示该街道的交通状况是堵塞的。这会影响附近司机的行为，等于他们被告知要避开这条街道。换句话说，这个作品展示了谷歌地图使用的算法如何

① http: //simonweckert.com/googlemapshacks. html.[2022-12-03].

对人类行为产生明显的影响，展示了技术在塑造我们的选择和行动方面的巨大力量。作品的创作者还质疑了技术的客观性，以及我们对这种客观性的信任，因为它在这样的情况下可以如此容易地被黑客攻击。这个作品源于其他艺术家的艺术作品的启发，以及韦克特本人对地图本身作为一种权力的工具是如何演变的研究兴趣。他认为地图包括了现实世界的不同类型的表征。

在这个作品中，艺术家操纵人、物、人工智能和信息的数字化互联，以达到他的艺术目的。因此，我们谈论的是利用作为审美媒介的互联网。艺术家对媒介的意图和操纵导致了作品的一些突出特性，强调了他的美学目标。戴维斯认为，这正是审美媒介、作者身份和意图之间的关系。但问题是，并非所有在这个媒介中创作的作品都有这样的作者身份和意图之间的结构。事实上，一些在互联网上创作的内容，例如模因，使用了完全不同的作者身份范式，这可能会影响到对此类作品的评价和认可。

这两个例子在作者身份和意图方面有什么不同？模因是唯一一个真正利用了媒介所有可能性的例子吗？为了回答这个问题，我们将先定义一般作者身份和集体作者身份，也会研究在其他媒体中的作者合作形式，然后将其与以互联网为审美媒介的合作进行比较。

二、作者身份、集体作者身份、多个作者身份和共同作者身份

我们已经讨论了两件艺术作品，都是使用互联网作为艺术媒介的艺术案例。为了解释它们是如何使用互联网作为媒介的，我们还必须探究它们的作者身份。在这一部分中，我们将探讨一些关于作者身份和集体作者身份的概念，还将研究多个作者身份和共同作者身份之间的区别。这是之后阐述模因和 *Google Maps Hacks* 例子中不同类型作者身份的基础。

一般来说，什么是作者身份？根据利文斯顿（Livingston）和阿彻（Archer）的说法，作者身份需要对所创作的作品负责，包括其所有艺术和

道德含义。他们强调，作为作者身份的关键组成部分，要充分控制艺术创作过程和艺术作品的创作。[①]根据对作者身份的说明，如果不满足这些要求，一个主体就不是作者。简单地说，如果一个主体在艺术创作的启动和设计阶段或实际执行阶段，对艺术属性的控制缺失或严重受限，按照利文斯顿和阿彻的观点，我们不能将作者身份归属于他。因此，我们可以确定这样的主体只是一个贡献者，而不是该作品的作者。类似地，保罗·塞勒斯（Paul Sellors）认为："作者身份不是一个从文本中衍生出来的概念，而是一个意图主体的有意识的行为，它导致了文本的产生。"[②]他反驳了所有"反意向主义者"的说法，即认为作者已经死了，观众有更大的权力为作品题写意义的观点。这与克里斯蒂·马格·乌迪希尔（Christy Mag Uidhir）对作者身份的更精确的定义相一致："成为某一描述下的作品的作者，就要对该描述下的作品负有直接的责任，至少是部分的责任，也就是说，对该作品满足该描述下的条件的方式负有直接责任（例如，作为诗歌作品的作者，应直接对该作品满足诗歌条件的方式负责）。"[③]马格·乌迪希尔在这里所说的"描述下的作品"是指以特定艺术形式或媒介（如诗歌或绘画）创作的作品。因此，作者负责将艺术作品融入特定的艺术形式或媒介。也就是说，作者必须有意愿制作某种类型的艺术作品，其特征以适合特定媒介的方式进行操纵。

为了解释操纵数字化互联性的作者身份，我们需要调查在协作式艺术中的意图是怎样的。马格·乌迪希尔区分了单一作者身份和集体作者身份。

① Livingston，Paisley and Carol Archer. "Artistic Collaboration and the Completion of Works of Art." The British Journal of Aesthetics 50，no. 4（2010）：439–455.，p. 454.

② Sellors，C. Paul. "Collective Authorship in Film." The Journal of Aesthetics and Art Criticism 65，no. 3（2007）：263–271.，p. 263.

③ Uidhir，Christy Mag. "Comics and Collective Authorship." In The Art of Comics: A Philosophical Approach，edited by Meskin，Aaron and Roy T. Cook，47–67. Oxford，UK: Wiley-Blackwell，2012.，p. 53.

在单一作者身份下，只有一个主体是特定描述下的艺术作品的作者；而在集体作者身份下，会有更多的主体是作者。当然，并不是所有集体创作的东西都意味着具有集体作者身份。一方面，假设在协作式艺术的创作过程中，其他协作者受到能够决定艺术作品的特定描述的主体的意图的控制，就是单一作者身份。在这种情况下，即使作品是集体制作的，也不一定就是集体作者身份的，例如电影生产中的导演。另一方面，如果其他的主体没有严格遵循决定性主体的意图，但是他创造的内容也是明确有意图的，并考虑到了作品的目的，那么这就是一个集体作者身份的情况。马格·乌迪希尔坚持认为，在平等的合作中，在特定媒介中负责艺术作品的合作者会受到另一个合作者的指导和影响，反之亦然。其他哲学家也指出，在集体作者身份的情况下，有必要在实现特定艺术目标时有共同的意图。例如，保罗·塞勒斯同意，假设“集体意图（we-intentions）”是解释协作式艺术作品中，创作者群体内个人意图与协作式作者身份之间关系的最佳方式。他用交响乐的例子对此进行了澄清：“如果我们打算演奏交响乐，我将通过扮演我的角色来实现这个群体意图。我个人扮演我的角色的意图是不必要的，因为我的行为已经在集体意图下被解释了。”①

因为不需要具有集体意图的个人之间的互动关系，所以不要求协作行动的参与者意识到或回应集体意图中的其他人。对他们来说，这种私人化的集体意图的可能性意味着这一概念仍然不足以解释协作的作者身份。相反，在一个协作的艺术语境中，群体成员身份是确定贡献者和共同作者之间差异的一个关键因素。依据英国哲学家玛格丽特·吉尔伯特（Margaret Gilbert）的多元主体理论，作为多元主体的一个充要条件是存在共同承诺。根据这一理论，协作者作为一个整体在做一个特定的行为，比如艺术创作。

① Sellors，C. Paul. “Collective Authorship in Film.” The Journal of Aesthetics and Art Criticism 65，no. 3（2007）: 263–271.，p. 268.

这些共同承诺可以更为微小，也可以更为严格和明确，具体取决于团体及其拟议的艺术目标。如果没有作为一个整体采取行动，没有主体的共同承诺，那么他们就不是作品的共同作者，而可能仅仅是贡献者。这类角色的例子有：在拍摄电影时负责提供食物的餐饮供应商，或确保画家油漆质量的调色员。他们都不致力于创作艺术作品的艺术目的，也不负责其艺术的、政治的和社会的含义。

为了找出像模因这样的艺术作品有什么样的作者身份，我们必须探索另一个经常被强调的区别，即多个作者和共同作者之间的区别，并看看他们是如何操纵数字化互联性的。在共同作者身份的情况下，合作者之间存在着显著的互动。如果合作者都是单独制作内容并对其负责，那么该作品是由多个作者创作的。例如，维基百科是一个多个作者的例子，因为那里的合作者没有交互性地一起工作；相反，每个贡献者只对其贡献负责。他们不能被视为整个维基百科的共同作者。但事实并非如此。达伦·哈德森·希克（Darren Hudson Hick）对维基百科的工作原理有更好的解释。他认为维基百科贡献者完全独立工作的说法是有争议的，并表示维基百科是共同作者身份创作的。这不仅是因为他们在共同承诺下致力于将维基百科打造成这样，更重要的是，正如他所说，“用户利用‘对话’页面对每个条目进行详细分析，并利用‘用户’页面进行交流和协作”。[①] 对他来说，如果某些艺术作品没有单独的“作者身份单元”，那么该艺术作品就是共同著作的。但他仍然承认，维基百科上的共同著作与科学上的共同著作之间可能存在差异。维基百科的共同著作者似乎比科学论文的主要合著者分担更少的责任，这意味着更少的作者身份。因此，对他来说，作者身份和责任的程度往往不同。后面，我们将看到在模因案例中如何应用这一点。

① Hick, Darren Hudson. “Authorship, Co–Authorship, and Multiple Authorship.” The Journal of Aesthetics and Art Criticism 72, no. 2 (2014): 147–156., p. 152.

在将这些区别应用于以互联网为媒介的艺术作品，并解释模因案例的作者身份和 *Google Maps Hacks* 的作者身份之前，我们先探讨在其他艺术媒体中的协作性实践。

三、电影、观念艺术和漫画中的协作

在对集体作者身份、多个作者身份和共同作者身份的一般情况已经做出分析后，现在是时候把互联网作为一种媒介与其他在作者身份方面类似的媒介做出比较，以及了解在互联网中数字化互联性的操纵与在其他媒介中的操纵有何不同。为了确定在模因和类似互联网现象的情况下集体创作的性质，我们会研究一些艺术中其他协作性的实践。这将涵盖在漫画、电影和概念艺术中的作者身份问题。然后，我们把这些关于作者身份的描述与模因和 *Google Maps Hacks* 这两个艺术案例的作者身份进行比较。

如果我们将电影视为一部集体制作的艺术作品，我们可以观察到不同的作者理论是如何解释它的。其中，最流行的是“导演理论”。在这个理论中，电影导演通常被认为是对电影艺术价值负责的，正是导演通过制作电影和操纵媒介来表达自己。这意味着电影导演对电影的创作过度控制，从而削弱了其他创意贡献者的影响，这通常使导演成为单一作者。像是让－吕克·戈达尔（Jean-Luc Godard）、沃纳·赫尔佐格（Werner Herzog）、索菲亚·科波拉（Sofia Coppola）和韦斯·安德森（Wes Anderson）等导演们，据说就是这样的导演。

还有一种理论是说电影有多个作者。这是贝里斯·高特（Berys Gaut）支持的理论。他回顾了“导演主义者”对电影作者身份的看法，并注意到这与通常是集体完成的电影制作的现实相矛盾。他区分了导演理论中试图确保电影的单一作者身份的三种主要的方式，但这三种都不成立。首先是“限制策略”。该策略声称，除单一作者 / 导演之外的合作者不会影响电影的艺术意义，而只是影响其非艺术特征。这意味着其他电影合作者的贡献方式与作品的艺术方面无关。当然，正如他所声称的那样，这是不正确的，因为其他电影合作者，如演员或编剧，也对作品的艺术显著特征做出了贡献。

正如高特所指出，导演理论支持者采用的第二种策略是“充分控制策略”。根据该策略，“艺术家不需要全面控制，而只需要充分控制艺术作品的创作。充分的控制不仅表现在艺术家对其作品的直接个人投入，还表现在他利用他人的才能，将其吸收到自己的作品中”。[①] 高特在这里提供的反驳论点同样有力，因为对艺术过程有更多控制权的合作者也应该获得作品作者身份的承认。

高特要证明是错误的第三个策略是“建构策略”。这个策略声称电影的作者只是一个决定性的建构，而不是一个真实的人。但在谈及大多数主流电影的情况下，他都否认这种说法，因为只有真正的作者才能创造出具有预期效果的艺术行为。否则，作者作为决定性建构的命题不能为电影中的单一作者身份的可能性辩护，因为其他协作者也可以有不同的角色，因此也可以被建构为作者。但是为了确定哪些贡献者可以被认为是作者，我们需要额外的标准。例如，对塞勒斯来说，“一些录音师会被视为电影的集体作者，而其他人则不会。这将取决于录音师对电影创作的贡献”。[②] 换句话说，如果协作者接受构成电影创作的集体意图，那么他就是电影的作者。

将这一讨论应用于电影中的协作与模因案例中的协作是很有用的。要正确确定模因的作者身份，需要注意的是不应削弱所有对作品的艺术特性有重大贡献的协作者的作者身份。在研究 *Google Maps Hacks* 案例中，我们

---

① Gaut, Berys. “Film Authorship and Collaboration.” In Film Theory and Philosophy, edited by Allen, Richard and Murray Smith, 149–169. Oxford: Oxford University Press, 1997 ; 2011 ; . p.157.

② Sellors, C. Paul. “Collective Authorship in Film.” The Journal of Aesthetics and Art Criticism 65, no. 3 (2007) : 263–271., p. 269.

将讨论是否存在此类协作者。

观念艺术充满了集体创作的艺术作品，但是这些艺术作品往往只属于某一位单一作者。例如，杰夫·昆斯（Jeff Koons）被认为是作品 *Cracked Egg* 的唯一作者，尽管实际上他雇用了另一位雕塑家，按照昆斯的精确指示制作了这件作品。在这种情况下，只有昆斯对创作过程有艺术上的控制权。他的明确指令操纵作品最重要的艺术属性，只有他才能对作品的艺术含义负责。对一些观念艺术家，如达米恩·赫斯特（Damien Hirst）、小野洋子（Yoko Ono）、克莱斯·奥尔登堡（Claes Oldenburg）和索尔·勒维特（Sol LeWitt），这一点可以说都是正确的。我们将在下一节中看到观念艺术案例中的作者身份与作品 *Google Maps Hacks* 的关系。另外，我们已经可以预见，在模因案例的情况下，我们不能说控制权掌握在某一个人的手中，并且说这个人就是模因的唯一作者。

另一种可能与研究协作式艺术实践相关的艺术媒介是漫画。不同的合作者被视为作者，这取决于漫画的制作方式和观众欣赏的内容。黄金时代的漫画与今天的漫画有很大的不同。前者是在旧的装配流水线工作室制作系统下制作的，从某种意义上说，是“无作者”的漫画。在这种系统下，上色师、勾线师和嵌字师通常不完全知道他们到底在给什么上色、勾线和嵌字。这样的上色师、勾线师和嵌字师不能被认为是作者，因为他们不能把握部分和整体叙事之间的关系，而这是达到充分的艺术控制所必需的。当代漫画似乎更重视视觉形式，正因为如此，一些以前被忽视的角色有了更多的艺术意义。这就是为什么插画师现在被认为与作家平等，而且更常见的是，如上色师和勾线师这样的贡献者也得到认可。因此，我们可以这样认为，漫画可以有不同类型的作者身份，这取决于贡献者在制作漫画的过程中是如何参与的。在接下来的两个部分中，我们将看到互联网作为一种审美媒介是否认可这种不同类型的作者。

四、艺术作品 *Google Maps Hacks* 中的作者身份

如何描述作品 *Google Maps Hacks* 中的作者身份的特征？这种作者身份是否削弱了以互联网为媒介而创作的作品的描述？正如我们在漫画和电影中看到的那样，同一种媒介可以有不同的作者身份。但是，*Google Maps Hacks* 是一种什么样的艺术作品呢？

观念艺术本身通常假设那些对艺术作品的生产负有直接责任的协作者从开始就对其最终的艺术属性和艺术本体有一个清晰的概念，因此，可以被认为具有作者身份。这样就没有给参与协作的其他各方留有创造性贡献的空间。在 *Google Maps Hacks* 的案例中，作者是否对作品的每一个方面应该如何都具有敏锐的洞察力？这个作品作为互联网艺术作品，其完整性是需要有网络用户的参加的，尽管用户的参与可能是被动的。按照上述的框架来判断这个作品的作者身份，网络用户的参与是否构成作者身份？如果是，那么韦克特就不是唯一的作者。这是对韦克特是什么样的作者的一个相当接近的描述。

因此，*Google Maps Hacks* 是否是观念艺术？观念艺术通常意味着艺术作品在艺术家的头脑中存在并完成，它以物理形式的物化不仅是非必需的，而且当它发生时，它只是一种敷衍，也即观念艺术并不重视作品的物理性实现。当这个观念应用于 *Google Maps Hacks* 案例时，这种说法可能值得怀疑。当韦克特在一条空荡荡的街道，经过一栋建筑的施工人员附近时，他发现自己的手机显示出这条道路正处在交通堵塞状态，于是他产生了创作这件作品的想法。尽管反思过程对 *Google Maps Hacks* 的创作至关重要，但韦克特仍然必须熟练地操控媒介，因为这种媒介的特点决定了他的创作过程。通过把手机放在购物车里，他操纵了这种媒介的元素。最关键的一点是概念的想法与他基于媒介知识的作品之间的相互作用。这就是

为什么这件艺术品既是观念艺术，也是利用互联网作为媒介的艺术。它有一个明确的艺术目的，这是由艺术家的创造性思维设定的，但同时，他利用互联网作为媒介来实现他的艺术目的。他的协作者更倾向于是纯粹的贡献者，而不具有任何实质性的艺术上的贡献。看起来他们甚至不是共同创造者，因为即使他们的劳动具有反思性或智力上具有创造性的，而不仅是自然而然的反应，那也可能仅仅是为了克服技术问题。路上的司机绝对不是这样的共同创造者，即使是拉着手推车的表演者也不是共同创造者，因为我们不知道他除了按照艺术家相当严格的指示表演之外是否还有其他的贡献。

是否可以说，使用互联网作为媒介始终是协作性的？因为如果我们使用了它，我们本质上就操控了互联性。如果我们再次思考 *Google Maps Hacks*，这个作品中确实包含了在他们的推车里用手机相互连接起来的人们。但是，他们是什么样的协作者呢？他们是协作者吗？与杰夫·昆斯案例中提供技术帮助的人相比，他们对制作这个作品的贡献更少，因为他们对这个作品的目的一无所知。这并不是说，如果没有这个作品的存在，他们的行为就会发生变化。在某种程度上，我们可以说他们是这个媒介的元素，并且被操纵，因为他们甚至没有意识到他们的行为是艺术作品的一部分。因此，我们可以肯定地说，这是作者操纵媒介（媒介包括操纵司机行为的手机）的单一作者身份的一个例子。另外，避开这条“拥堵”街道的司机则像是画家手中操纵的颜料。

因此，我们可以认为韦克特的作者身份与杰夫·昆斯或达米恩·赫斯特的相似。这意味着 *Google Maps Hacks* 是单一作者的作品，因为所有的决定都取决于一个人。表演者只是按照韦克特的指示行事。我们不知道他们之间是否有更多的创造性互动，但我们可以假设整个行为是由韦克特指挥的，他被认为是唯一的作者。

基于这个例子，我们可以看到，使用互联网作为艺术媒介类似于漫画或电影，它可以容纳不同类型的作者身份。那么在模因案例中作者身份是如何呢？

五、交织的艺术主体性

似乎像模因这样的网络创作采用了一种特定的协作方式，这种协作方式源于互联网作为媒介的特点。

通过前述，我们已经了解了两种协作：多个作者协作和共同作者协作。模因的作者身份可以用前者还是后者来解释呢？我们看看模因是如何形成的，似乎每个图像宏，即一个包含图像和文本的特定模因的实例，通常由单个贡献者创建。因此，我们能否说模因具有多个作者身份？因为正如希克斯（Hicks）所指出的，多个作者身份所涉及的作品是“由离散的、可识别的作者单位组成的作者身份”①。我们可以在这里与维基百科和它的贡献者进行比较，他们不是分开工作，而是更加交织在一起，因为元讨论告知了他们的共同目标。同样，每一个模因或图像宏的实例都包含记忆实践，这是一种互动评论的元层面实践，使模因的产生实践成为一种共同的承诺。否则，模因就只是没有相互联系的、孤立的图片和文本，而我们已经证明了事实并非如此。因为模因不仅仅是带有文本的图像，它们不能被认为是由多人创作的。

那么，我们能否得出这样的结论：模因是共同创作的？这意味着所有参与模因的制作，甚至模因的片段的制作的贡献者都要对它负责，包括评论或记忆实践的元活动和图像宏的创建。但是，我们真的能让元讨论的贡献者对每个图像宏的艺术和社会影响负责吗？此外，我们能否让图像宏的每个创造者对围绕特定模因，在跨平台，甚至是贡献者根本不知道的平台中产生的所有讨论，及其所产生的所有含义负责？即模因传播出去后，初

① Hicks, Darren Hudson. “Authorship, Co-Authorship, and Multiple Authorship.” The Journal of Aesthetics and Art Criticism 72, no. 2（2014）: 147–156., p. 153.

始创作者和每个参与者，能否对产生的后果负责？似乎个体图像宏的创建者对源自互联网各个角落的记忆实践的特定模因的所有含义只承担有限的责任。此外，似乎元层面讨论的贡献者在个人图像宏制作层面上的艺术控制也有限。因此，他们也不太负责创建每个单独的图像宏，这就是为什么我们不能坚持模因是共同著作的原因。

如果模因既不是共同著作的，也不是多人著作，那么它具有什么样的作者身份？看来，模因的个体创造者已经有了一个通过记忆实践创建的定义框架，他可以表达自己的创造性想法，并且必须在这个框架内实现。但模因的问题是，模因的预期目的有多少是由每个贡献者决定的，又有多少是由语境和可能未知的原始来源决定的？问题是这样的协作如何影响艺术家的自主权？在这种情况下，艺术家的自主性是否受到限制？如果是，其限制的原因是什么？

为了回答这些问题，我们借鉴安德鲁·J. 科尔萨（Andrew J. Corsa）的群体作者身份的概念。他对群体作者身份的描述意味着一个群体可以是作者，而不是孤立的作者或相互关联的个人作者。也就是说，他允许作者身份既不是多个作者也不是共同作者。他声称，这些群体可以“执行认知行为”，是具有“意向性心理状态”的主体。①

模因的形成与群体协作（为模因的创建提供信息的元讨论）和个体模因制造者的不寻常组合有关；这种协作有点像一位大师级的艺术家对模因的内容施加了一些限制。这是限制个体模因创造者自主性的根源。但问题是，模因的单个实例的创造者也具有相应的艺术主体性、控制和责任。群体负责为模因的发展设定最佳条件，而单个贡献者在这些范围内具有显著的创造力。

① Corsa，Andrew J. “LaBeouf，Rökkö& Turner，Digital Remix，and Group Authorship.” The British Journal of Aesthetics60，no. 1（2020；2019；）：27–43. p.30.

那么，我们该如何将一个模因定义为是群体创作的呢？其作者应该是一个更大的群体，包括具体模因实例的个体创造者和引导关于模因的元层面讨论的群体。无论是创造单个模因实例的个体，还是参与元层面讨论的群体，都不是模因的独立作者。这是因为一个模因或图像宏的单个实例，在与其他实例和元层面的讨论分离时，不能被认为是一个模因。与科尔萨在谈到混音时所举的例子类似，“每个人都参与了模因的创作”，“只要每个人都属于创作它的群体”。①

例如，在被称为表情包界的鼻祖、第一代网络红人小胖②模因中描绘的是一个搞笑的青少年，伴随着恶搞的文字或图像。为了理解主题约束，模因新实例的创造者以前一个模因实例为指导。在小胖的例子中，这是将小胖的面部表情与其他图像的结合，如蒙娜丽莎、卡通人物或娱乐明星等。新实例的创造者仅在记忆实践和先前实例存在的背景下参与模因小胖的创作。只有当创作者是该团体的一员时，他才能参与创作。这个较大的作者群体包括所有早期的模因实例创造者，以及对这个模因的特定实例进行评论、讨论、投票的用户或参与完整过程的用户。

作为模因实践的讨论不同于其他类型的讨论和对艺术作品的批评。一方面，对模因的讨论被视为作品的一部分，因为它定义了模因是如何被创造的，它塑造了它的叙事，以及它具有哪些审美属性；它直接影响着模因的产生。另一方面，对电影、绘画和音乐等其他艺术作品的批判性讨论通常不会对上述艺术的创作过程产生任何影响。作品完成后，大部分由观众或评论家去进行评论传播。这种讨论通常不会影响艺术作品的制作方式、主题目的或美学特性。

但是，模因的作者是如何精确地操纵数字化的互联性呢？与 *Google*

① Corsa，Andrew J. “LaBeouf，Rökkö& Turner，Digital Remix，and Group Authorship.” The British Journal of Aesthetics60，no. 1（2020；2019；）：27–43. p.40.

② https: //www. sohu. com/a/109381212_389947.[2022-12-03].

Maps Hacks 相反，这个模因的作者并不是单一的。这不是唯一作者操纵相互关联的数字化实例或表征的情况。在这种情况下，创作者本身，作为一个群体的成员，是相互关联的，因为每个成员不只是操纵所有其他用户，而是接受他们的创造性输出作为自己的指导。每个成员都知道不断演变的叙述和规范，围绕着这些叙述和规范，模因的实例一个个被创造出来。操纵是一步步进行的，由群体的每个成员发起，不仅群体成员相互关联，模因的实例也相互关联，或者说是有待进一步操纵的材料是相互关联的。

但假设我们将群体作者身份应用到将互联网作为审美媒介的模因的现象中，在这种情况下，这类群体的性质可能会有一些额外的复杂性。互联网允许紧密交织的艺术主体性或包括人类和人工智能在内的快速连续的协作式艺术实践。这意味着正在形成的群体以及他们所创造的协作式艺术实践是动态的、不断发展的。由于媒介的性质，这项工作永远不会完全完成。当互联网社区改变其艺术、社会或政治观点时，或者当一个在线社区从一个不相关的来源挪用图像并完全改变其含义时，模因的文化内涵可能会以不连贯的方式演进。在第一种情况下，由于可能的群体成员的变化所带来的群体目标的不兼容，如果群体发生了足够的变化，这会影响该社区内创造的艺术。就挪用的情况而言，挪用者是唯一对被挪用的作品的艺术和政治含义负责的人。就模因而言，是线上社区挪用了该作品。例如，描述绿色拟人青蛙的"青蛙佩佩（the Pepe the Frog）"模因是基于艺术家马特·弗瑞（Matt Furie）在漫画 *Boy's Club* 中创作的一个悠闲角色。最终，"青蛙佩佩"成了一个迅速在互联网上传播的模因，并被用来宣传白人至上主义；而反对这个模因的群体则宣布它是一个仇恨的象征。从"青蛙佩佩"被右翼挪用的那一刻起，这个网络社区就成了这一模因的作者，这意味着它对其艺术和政治内容负有责任，而不是最初创作出青蛙形象的艺术家马特·弗瑞负有责任。

第二章
网络艺术与万维网

在近三十年的时间里，网络艺术获得了一种有价值的艺术形式的地位，得到了大多数当代学术机构的认可。如今，它已成为一个被广泛接受的文化概念，是艺术与数字技术两个不同领域的交叉融合。这两个不同的领域规定了网络艺术性质的双重性，即，一方面是图形化和审美化，另一方面是实用性和技术决定性。这两者之间相互影响并相互作用。网络艺术是一种艺术类型，它产生在一个被精心设计的技术集合所改变和影响的世界中，艺术家通过对这个世界的认知或深度参与而创造出网络艺术。而这些技术集合反过来又通过网络被创建或被增强。在视觉和技术这两个因素的共同作用下，网络艺术超越了传统艺术实践的局限，形成了一种独特的艺术现象。它的一个关键特征是它能够影响虚拟空间，即网络领域，并反思不同的概念问题。在过去的二十多年里，网络艺术从简单的、幼稚的在网络上的表征演变成一个高度发达的分析工具，通过它可探索各种类型的问题，包括哲学、意识形态、美学、政治和社会等。今天，它不仅可以被理解为艺术性的，而且可以被理解为存在于万维网领域一种反思性的实践和研究工具。

网络艺术总体上的成功在很大程度上取决于它所处理的媒介类型，这里指的是与传统媒体截然不同的全新的数字媒体类别。互联网作为一种艺术媒介，给予艺术家很大的自由，并有多种原因使其成为一个有利可图的创作空间。其基本的原因是：通过网络，作品易于分发和观众可在全球范围内对艺术作品进行访问；不需要传统的博物馆等机构；艺术与生活活动的其他领域相结合等。

然而，如上所述，网络是一种相对较新的媒体，它在形式、组织和结构上与常规的艺术手段和传播主体有很多不同。虽然现在它被广泛使用，但它的大多数内部功能和过程对于普通观众来说仍然不清楚——从这个意义上说，网络仍然没有被充分地探索。对于在数字领域工作的当代艺术家来说，他们试图对互联网环境进行自己的调查，并在他们的虚拟项目中表现出来。在这方面，网络艺术是对万维网进行批判性考察的、可能的工具之一。

研究网络艺术作为一种特定的审美现象，并与其媒介万维网密切相关，数字化的和去物质化的形式对当代艺术实践施加了自己的条件。这是一个双重影响的问题：网络艺术作为一种艺术现象出现，遵循其媒介的逻辑和规则，互联网本身也在很大程度上受到网络艺术的影响，因为后者批判性地重新审视和评估了整个网络组织。因此，互联网艺术与网络之间的关系将成为一个主要的潜在问题，为整个讨论提供“媒介性”的基调。

网络艺术仅存在于全球网络领域，是反思网络自身媒介状态、功能和意识形态意义的有力工具。这种相对较新的艺术形式从视觉呈现的角度探索网络，即通过图像来探索。图像是互联网文化的固有组成部分。在其图形表征中，网络艺术提供了一种新的方式来理解互联网的结构和内容、内部组件和形式组织。事实上，它将这种艺术实践归类为“特定于网络”的或“聚焦于媒介”的。通过这种方式，网络艺术倾向于运用网络的不同特征，并通过图形描绘来呈现其基本元素。后者在互联网领域内有效运作——成为网络环境的一部分是这些虚拟项目的基本属性。

在互联网的重要构成部分中找到自己的位置，网络艺术作品扮演着分析性主体的角色，不仅提供了对网络的艺术性描绘，而且重申和质疑了其固有的品质和概念。这种艺术形式被一些学者称为自我指涉，因为它能够首先渗透到其媒介（互联网）的结构中，随后质疑其体系结构中的所有物质和去物质化的成分。因此，所有的网络艺术实验都对数字媒介的复杂基础产生了新的理解。

对这样理解的讨论，其一般性过程围绕着网络媒介对网络艺术实践施加的两个关键条件展开：第一，在超媒体环境中发挥作用；第二，处理混合多媒体内容的必要性。超媒体和多媒体是互联网的本质特征，决定了互联网的运行、组织和自我呈现。一般来说，超媒体的概念意味着网络的结构：它带来了对整个网络功能的理解。多媒体这一术语与网络上呈现的内容更为相关。它涉及一种数字媒介所包含的多种格式。这两个概念共同定义了虚拟信息的处理、修改、结构化以及最终显示的方式。由于这两个因素的存在，万维网的进一步扩展和有效利用才成为可能。所以今天，万维网似乎是不同社会群体之间最流行的沟通手段之一。

以类似的方式，超媒体和多媒体的概念都为艺术建立了特定的规则，在全球网络中发挥作用。所有的网络艺术项目都受到网络环境的制约，这与现实展示空间或传统艺术媒体的语境截然不同。网络艺术不仅接受其媒介的规则，而且基于网络媒介的规则建立了特定的审美反思策略，以图像的形式呈现出来。

正是网络艺术所具有的这种自反性特征，它对网络媒体产生相应的影响。不同的自反性模式将被讨论。其中一个是网络艺术如何重新审视网络的超媒体组件，如数据、图形界面等；另一个是对多媒体内容的批判性重新评价。自反性和自我指涉是本章的重点，这会带来对基于互联网的艺术的新的理解。

对网络艺术与网络之间关系的关注，决定了研究的理论基础和学术基础的选择：为了研究网络艺术与网络之间的相互关联，有必要针对相关的领域进行研究。这个领域就是所谓的"新媒体理论"。由于其跨学科的特点，它从整体上研究互联网的结构、功能、意义和视觉组织。新媒体理论为最初将网络艺术理解为"媒介重塑与再评价"的艺术实践提供了观念上的支持。

两种特定类型的新媒体概念构成了对网络艺术与万维网关系研究的理论部分，一个是列夫·曼诺维奇的《新媒体的语言》，另一个是大卫·博尔特（D.Bolter）和理查德·格鲁辛（R.Grusin）的《再媒介化：理解新媒介》。这两部著作在新媒体理论领域中都得到了高度认可。它们都可以成功地应用于分析如互联网一样的新媒体手段和如网络艺术作品一样的新媒体对象，因为它们从两个角度来考虑新媒体——一个是视觉文化的角度，另一个是技术决定的角度。这两部书对如何处理新媒体作品给出了明确的观点。同样，它们用美学和计算机相关的术语描述了新媒体对象的特征。

新媒体理论形成了一个新的知识分支，一个新的科学范式，它"取代了旧的媒体话语"[①]，符合当代数字文化的标准。它是一个当代的论点和概念的体系，描述了大量的媒体产品，从电脑游戏和数字视频到网络应用程序和基于互联网的艺术等一切。它是解读 20 世纪 90 年代初开始出现的最新艺术形式的可能途径之一。

网络艺术、虚拟艺术或软件艺术的艺术趋势来自人类活动最新的社会、文化和技术领域。它们是现代性的一部分，应该用适当的术语来描述。作为一种解决方案，相关的术语和原则可以从新媒体理论中借鉴，到目前为止，新媒体理论已经形成了比较成熟的"语言"。

① http: //manovich. net/index. php/projects/post-media-aesthetics，[2022-12-02].

第一节 网络艺术的自指性

当代学者，例如德国的媒体理论家蒂尔曼·鲍姆盖特尔（Tilman Baumgaertel），将网络艺术描述为“特定于网络的”现象，因为他们认为这种艺术实践的主要焦点是互联网本身。网络艺术一出现在电子网络的范围内，就指代它自己的媒介——网络。网络艺术在审美探索中最重要的主题就是网络自身。这一全球性媒介成为网络艺术家的基本主题或研究重点，他们试图通过艺术手段揭示万维网的核心、功能和潜在结构。在他们的项目中，他们检测了数字媒介的极限，从而找到了利用技术代码、编程语言、IP 协议、像素和其他万维网架构固有组成部分的新的方式。在这一点上，网络艺术可以被认为是自我指涉的，甚至是形式主义的，因为它只有在它的媒介——互联网中，才具有意义。

显然，网络艺术的形式主义基调源自现代主义或先锋派方向：“意识到当代艺术在网络上的局限性，许多艺术家创建了包含更复杂策略的网站，这些策略属于形式主义的现代主义范畴。”[①] 从某种意义上说，网络艺术重新定位和振兴了绘画形式主义的趋势，但又以自己的方式对其进行了重大的改变和挪用。现代主义与网络形式主义之间最关键的区别在于媒体的差异：如果现代主义画家使用传统的表现手段（油画和画布），当代网络艺术家必须处理复杂的数字化的和去物质化的媒介，其所有的创作可能性都还没有得到充分的探索。在某种程度上，互联网可以被视为更强大的艺术实

① B Stalbaum，“Conjuring Post-Worthlessness: Contemporary Web Art and the Postmodern Condition”. https: //scholarworks. sjsu.edu/cgi/viewcontent.cgi? article=1070&context=switch.[2022-12-02].

践的主体。这是技术进步和计算过程的结果，可对于大多数普通用户来说，他们并不清楚这一点。

然而，网络艺术的“媒介关注”问题不应该仅仅归结为一个特定的传统（例如形式主义），因为这是一个相当有争议的问题。在几种艺术趋势的背景下探讨自我指涉性更为恰当，这些趋势在一定程度上促进了基于互联网的艺术的发展。下面，我们将从形式主义和观念主义两个对立的角度来考虑网络艺术的“自我指涉”方面。虽然形式主义和观念主义这两个运动通常被认为是对立的，但它们都对网络艺术实践产生了某种影响。我们不应该把网络艺术贴上纯粹形式主义或纯粹观念主义的标签，因为它显然采用了来自两者的分析工具，利用这些方法，找到了最适合它的方法。

因此，本节将把形式主义、观念主义的趋势和网络艺术进行些许的比较，重点放在网络艺术项目的自我指涉性或自反性特征上。这将会把一般性讨论置于一个更广泛的艺术批评语境中，展示艺术运动之间的联系，并揭示网络艺术如何借用了它的一些分析工具。

网络艺术的自我指涉性表明其与现代主义绘画传统的直接联系。它们都高度关注工作材料的具体特质。绘画关注画布和油画，这在 19 世纪末 20 世纪初标志着绘画形式主义的开始。例如，塞尚、梵高、高更，后来的波洛克和罗斯科，都是最著名的现代主义、先锋派或后先锋派画家，他们深刻地关注颜料的艺术潜力，那是他们所必须处理的媒介。如果现代主义大师们使用的是类似的有形材料，那么当代网络艺术家们就不得不接受数字技术发展带来的全新媒介的逻辑和条件。

美国艺术史学家克莱门特·格林伯格在《现代主义绘画》一文中提出了“纯粹”形式艺术或艺术“本身”的概念[①]，强烈支持现代主义艺术的形

① 克莱门特·格林伯格，《现代主义绘画》. https: //www. sohu. com/a/411141714_100230219. [2022-12-02].

式主义倾向。至于支持形式主义的主要论点，他指出，艺术应该与人类活动的其他领域（例如科学或政治）分离，因此不受政治、社会或宗教因素的影响。只有在独立存在的情况下，艺术的领地才能得到保留和进一步扩大。在格林伯格看来，艺术领域是与其他重要领域相分离的，因为它的重要性超过了历史、经济、科学、哲学、政治等领域。因此，艺术领域应该被限制在其他领域或部门之外，这才会导致艺术的“纯粹”，进入它的自我集中或自我聚焦。简而言之，“纯粹”的状态是指艺术是针对其自身性质和固有属性的。无论是哪一种艺术，每一种类型都要定义自己的唯一性，它必须“通过自己特有的东西来确定非它莫属的效果”①。

如果忽略政治、社会、宗教、科学、哲学或经济因素，艺术的首要重点是什么？任何艺术形式的核心和不可分割的部分是什么？所有内在的艺术品质所关注的是什么？根据克莱门特·格林伯格的说法，所有这些问题的答案都应该是媒介：“纯粹”的艺术是自我批判的，因为它将自己导向自己的媒介——物质和不可还原的化合物。“纯粹”的艺术的使命是承认和表现媒介的具体特征，暴露其质地、形式、结构和图形的潜力，从而接受这种艺术材料的所有条件，并把它们作为积极的一面对待。这就是现代主义绘画中所体现的，正如格林伯格所设想的那样，现代主义绘画并没有掩盖媒介（画布和油画）的局限性，而是刻意强调这些局限性。

作为真正的现代主义艺术家的一个例子，格林伯格提到了马奈和塞尚，他们试图依靠整合媒介的能力来产生他们的艺术方法。他们都关注于探索主要的艺术手段——油画和画布，这是绘画的基本媒介。通过测试画布的绘画极限，画家们发现了这种材料的一个特殊属性，正如他们所认为的那样，在绘画中必须强调这一属性——画布的“平面性”。马奈和塞尚特别着

① 克莱门特·格林伯格，《现代主义绘画》. https: //www. sohu. com/a/411141714_100230219. [2022-12-02].

迷于绘画媒介的平坦表面，因为他们认为这是“绘画特有的条件，其他艺术则没有”[①]。所以绘画就朝着平面性而非其他方向发展。在他们的作品中，艺术家们试图摆脱传统学术绘画中常见的自然主义的立体表现的规范。相反，他们牺牲了现实主义的描绘，以表现媒介的真正本质及其形式的品质，即平面性。

格林伯格提出的形式主义思想在网络艺术的当代实践中得到了反思，与现代主义绘画一样，网络艺术试图探索所使用媒介的结构和不可分割的组成部分。如果说现代主义画家高度关注画布和油画的材料，那么如今的网络艺术家不得不处理更复杂的媒介及其相当混杂的本质。与马奈或塞尚类似，互联网艺术家对什么可能是媒介中“不可还原”或不可分割的，什么可能是“独特的”和“排他性的”进行美学研究。

在这方面，只要它们作为互联网的固有的特征被网络艺术项目广泛利用和揭露，就应该明确几个重要的方面：非物质性、超媒体结构和多媒体内容。就像现代主义画家在他们的作品中宣扬画布的“平面性”和油画的质感一样，网络艺术家也体现了他们自己媒介的本质属性，如非物质性、超媒体组织和媒体融合。在这里简要提及这些特征是为了展示网络艺术与其媒介之间的相互关系，以及现代主义艺术的形式主义含义与网络艺术之间的平行关系。

网络艺术分享并采用了网络的基本特征，在某种意义上类似于形式主义的传统。然而，与形式主义者不同的是，网络艺术家并不是简单地遵循媒介的逻辑，而是对其形式特征建立了自己的批判——他们重新概念化互联网的组成部分。此外，人们将特别看到，例如，网络艺术如何利用网络的物质性 / 非物质性的概念，利用网络的超媒体元素（如数据、界面和超

① 克莱门特 · 格林伯格，《现代主义绘画》. https://www.sohu.com/a/411141714_100230219.［2022-12-02］.

链接），以及利用网络将所有已知的媒体模式混合在一种数字形式中的能力。在这种情况下，网络艺术与20世纪60年代末出现的观念艺术更为相似：网络艺术不仅指向自身的媒介，而且使其受到质疑。这是一种自批判或自反的方法，来自观念主义传统的阐述。

观念主义是最具有“反思性”的艺术趋势之一，它在20世纪后半叶发明了自己的批评方法，以挑战艺术的各个方面。它质疑了几乎所有内在的艺术观念，包括艺术的形式和对象、艺术家和参与观众的角色，以及艺术作品的一般意义。同样重要的是，观念艺术家们质疑一个艺术对象的物质性，试图用任何可能的方式否认它。简单地说，他们渴望一件物品的完全去物质化。观念主义者认为理念或“观念”应该是艺术作品的主要部分，并不重视表征的物理形式和大多数传统艺术媒体。相反，他们选择了非传统的表达方式，从行为表演到语言元素（语言作为媒介）。

非物质对象和去物质化的媒介在某种程度上接近当代网络艺术所要处理的问题。在网络艺术家的作品中，没有实际的行动或对象，只是配置了纯粹的信息来代表一场具有讽喻概念的表演。从对象到数据的转变导致了这样一个事实，即网络艺术家使用唯物主义的方法创作作品，遵循观念主义的决定性因素，同时不担心对象性。这个看似复杂的论点可以用一种更简单的方式来解释：的确，网络艺术采用了观念主义的批评方法，但将其应用于一个不同类型的艺术对象和一个新的媒介。

网络艺术家运用形式主义的原则和观念主义的批评方法，形成了自己的批评形式。这是一种自我批评或自反性，它有助于理解万维网媒介的混合性质。

第二节　互联网与新媒体理论

作为一种新的艺术形式，网络艺术必须处理相当复杂的媒介，这在本质上是一个混合的动态系统，随着技术和文化的发展而扩展。互联网媒体现象正受到网络艺术团体的密切关注，当然主要是在审美上的研究。这种艺术研究需要额外的支持——一种成熟的理论基础，可以更深入地洞察互联网的内在品质、技术架构和视觉组织的问题。万维网由于其数字基础和非物质本质而与“新媒体”这一范畴有关，即基于现代计算过程的真实媒体。从新媒体理论入手，对当代数字手段进行复杂的分析，才能理解这种新媒介是如何运作的，是如何组织和结构的。对新媒体理论的借鉴，可以拓宽对当前研究普遍问题的理解，即如何通过网络艺术重新认识网络的超媒体结构和多媒体环境。

综观“新媒体”理论，可以得出这样的结论：它是一个新形成的理论分支，出现于20世纪后期，完全地关注数字媒体的相关问题。这些理论起源于各种各样的学科，如信息科学、艺术史、文化、人道主义和传播研究，旨在探索新的数字媒介的形式、功能和用途，并界定其与前辈模拟媒介的关键区别。新媒体理论家采用跨学科方法进行研究，只要他们试图考虑数字世界的所有异质部分，这包括技术、社会学、文化和美学方面。在研究主题方面，他们研究了各种形式的数字内容，如计算机多媒体、万维网、视频、移动设备等。

然而，互联网是所有新媒体研究的主要焦点，因为它呈现了最为不同的媒体现象，能够替代所有传统媒体格式。根据最近的一些理论假设，它甚至可以被赋予“元媒介”的定义，因为它能够包含所有可复制媒体的模拟。在美学层面上，网络已经建立了一种多媒体文档，即将文本、摄影、视频、图形、声音等不同媒体结合并混合在一起的文档，作为一种新的通信标准。互联网具有异质性、包罗万象的特点，是一个相当混乱和多才多艺的公共论坛。毫不奇怪，万维网作为新媒体研究的一部分，正在被不断地研究着。

当前分析中广泛使用的新媒体理论有两种：一种是由列夫·曼诺维奇在《新媒体的语言》一书中提出的，另一种是所谓的“再媒介化”理论，由大卫·博尔特和理查德·格鲁辛在《再媒介化：理解新媒介》一书中描述。这两个概念将有助于考虑上述基本研究问题，即网络艺术和网络如何在思想上、美学上、形式上和结构上相互依存。这些理论将为考察这些网络艺术项目的技术、观念和视觉部分提供所有必要的工具，以测试其自身媒介的局限性。

列夫·曼诺维奇所进行的媒体研究尤其重要，因为它条理清楚地证明了新媒体在同等程度上受到技术领域（计算机化过程）和文化领域的影响。正如作者自己所设想的那样，曼诺维奇将“新媒体的语言放在现代视觉和媒体文化史中进行分析”。曼诺维奇将新媒体置于一个巨大的社会文化背景中，展示了文化和技术趋势是如何相互作用的，以及它们如何产生新的媒体文化对象类型，比如媒体艺术形式、电脑游戏、数字视频等。以类似的方式，他指出了计算机化对新媒体艺术形式的影响，包括当代网络艺术实践、媒体装置、数据艺术等。艺术正受到新技术的极大影响：它通过计算机编程、全球网络、媒体融合、显现界面和超媒体系统等手段被重新语境化和扩展。总的来说，曼诺维奇的理论揭示了视觉文化和信息文化之间的相互作用。

为了探索这一广泛的主题，曼诺维奇的研究涉及了不同的学科，如数学、文化研究、编程、艺术史，从那里他借鉴了方法论工具进行自己的研究。这就是他如何绘制“语言”或创建框架来分析新媒体形式（数字媒体）和解释新媒体对象（媒体艺术、电影、数字图像、装置）。文化的和与技术相关的知识分支的交叉导致了一种新话语的出现，为描述新媒体现象提供了适当的术语。曼诺维奇在其理论中发展和推广的是一种观念机制，一个术语和概念系统，可以轻松地应用于几乎任何类型的数字对象，如艺术、计算机 / 视频游戏、图像等；或新媒体形式，如计算机、互联网、电影等。因此，例如，在区分新媒体与传统媒体的同时，曼诺维奇为新媒体提供了五个基本特征：①数字表征，特别是指所有新媒体对象都由数字代码组成；②模块化，即所有媒体元素的分形或模块结构；③自动化，指的是媒体创作过程变得自动化；④可变性，即不断修改和改变的可能性；⑤转码，指将媒体从文化格式转换为基于计算机的（信息的）格式或者反过来。这五个特征紧密相连，可以看作是数字化进程的总体趋势。所有这些都在一定程度上符合对互联网环境的分析，并描述了其性质。我们可以看到，万维网媒介的特征与上述大多数因素相对应，这里仅举几例：网络是通过使用数学函数创建的，因此是完全可编程的（代码原则）；它是完全模块化的，因为每个网页都由单独的媒体元素组成——声音、图像、文本，而这些元素又由更小的离散单元组成，例如像素、体素、脚本等；最后，万维网是可变的，通过标准模板构建相同页面的不同版本的方式可以明显看出这一点。

然而，当前分析的目的只是从曼诺维奇的“语言”中借用一些概念，并将其与基于互联网的艺术的某些示例相关联。新媒体概念的融入与后两节的主题特别相关，对于处理网络艺术如何考察网络的超媒体组织并揭示其非物质成分的问题非常有益。在讨论超媒体组织结构的背景下，这一论证将得到曼诺维奇的理论内容的支持，即数字化的数据、代码、超媒体和界面的概念。人们将特别看到，这些基本复合物是如何通过网络艺术项目重新被定位和重新被思考的。

第二个重要的理论是“再媒介化”的概念，它补充了对互联网媒介的艺术性的研究，在新媒体理论中也得到广泛认可。“再媒介化”学说的基本论点是，新媒体借用和重构旧媒体的内容，在不断改进的同时，把旧媒体的内容变成一种新的形式。该理论证明了新的数字手段相较于传统手段的优势，因为它显示了前者如何修改、丰富并为旧的媒体内容提供新的特性。在新的数字媒体下，博尔特和格鲁辛主要是指基于计算机的视觉技术和对象，如游戏、图形、动画、数字艺术、虚拟环境和万维网。“新媒体的新来自他们改造旧媒体的特殊方式，以及旧媒体改造自己以应对新媒体挑战的方式。”①

“再媒介化”理论在媒体手段和媒体对象的视觉分析中特别有效：它指出了不同的媒体内容如何通过一种形式同时呈现的方式。它以图形的方式处理“多媒介性”的问题，侧重于现代媒体提供的视觉冲击或视觉体验。这个概念特别指出，再媒介化行为基于两种对立的视觉策略，即“直接性”和“超媒介性”。这是两种相互矛盾的趋势，两个极端。然而，这两种趋势声称它们同时存在于当代数字文化中。两者都定义了媒介表现的等级：如果“直接性”意味着媒介的不可见性或透明性，而“超媒介性”则相反，表示它在媒体事件（媒体对象）中的存在、明确的功能和不可避免的作用。新媒体在这两种驱动力之间不断转换，构成了再媒介化过程的本质。

“再媒介化”理论是研究网络多媒体内容的恰当的工具。它强调了互联网环境的混杂性，并提供了适合研究其视觉语言的方法。万维网结合了所有可能媒体的“再媒介化”——文本、图形、音频和视频，将它们置于新的状态，即虚拟的领域。此外，万维网对所有已知媒体格式的再媒介化能力将与其结构的图形风格，以及通过网络艺术如何重新考虑这种风格的方式密切相关。

我们不能否认这样一个事实：万维网的功能在很大程度上依赖于它的

① JD Bolter，R Grusin. Remediation: Understanding the New Media. The MIT Press，Cambridge，2000，p. 15.

用户界面的图形设计，因此，也取决于这个单一界面如何安排各种媒体形式的表征。在这方面，重要的是要考虑不同媒体在一个统一的图形空间中的视觉混合，它们在网页框架中相互共存或竞争的问题。“媒体多样性”的原则对互联网环境至关重要。比如，网页设计师的终极目标似乎是整合和吸收所有其他媒体，将它们呈现在网页中。因此，这一原则就成了艺术家们独立的探索主题，他们研究互联网的复杂特性。他们以自己的方式诠释网络的多媒体特性，尝试混合媒体内容，测试网络界面的图形化结构。这一问题将在第五节中得到更紧密的回顾，描述特定的网络艺术项目，关注网络的多媒体方面。第五节的理论框架将从“再媒介化”的概念中抽调出来，对互联网—媒体—多样性进行充分的解释。它将阐明万维网的“混杂性”问题，即后者如何塑造旧媒体类型，如何将其置于数字领域，并随后形成其异构的图形语言。

第三节 “超媒体性”作为万维网视觉组织的主要策略

如前所述，目前的分析主要围绕网络艺术作品的不同类型，即那些专注于互联网媒介的内在特性的作品。一般来说，此类项目旨在对万维网进行批判性的重新评估，并展示其基本属性，包括内部结构、内容和功能的某些方面。为了实现对网络进行探索的目标，这些特定于网络的作品采用了一些常用的方法或策略。因此，网络艺术项目可能在形式或主题内容上相似，在利用材料的方式上（例如，不同的互联网复合物）或在技术结构上相似。

同样，这些项目可以使用相同的表征策略或视觉语言，通过这些策略或语言来展示互联网媒介的唯一性或特殊性。换句话说，这就是网络艺术家如何在图形层面上安排他们的网站，如何将观众的注意力吸引到万维网的异构环境中，以及如何暴露互联网结构中所有有形和无形的元素。其中的一种图形风格样式，“超媒介性”样式将作为本节的一部分进行讨论，因为它在致力于全球网络美学研究的项目中占主导地位。

“超媒介性”一词来自大卫·博尔特和理查德·格鲁辛提出的“再媒介化”理论。在《再媒介化：理解新媒体》一书中，博尔特和格鲁辛将“超媒介性”定义为“一种视觉表征的风格，它的目的是提醒观者媒介的存在”①。它是某种视觉组织结构，使用户能够意识到媒介的存在。超媒介性的效果在互联网的异构环境中最为明显。在这种环境中，电子媒介通过浏览器和以独特的“窗口风格”排列的相互链接的网页来表现自己。因此，通过媒介的“显现”，用户可以与界面交互，并通过多种数字化的内容（文本、图像、声音、动画）进行搜索。超媒介性是一种控制万维网的策略，通过用小部件填充每个窗口并用窗口填充屏幕来实现真实，因此网络界面永远不可能是完全透明的。

简单地说，“超媒介性”的概念处理的是万维网中材料的图形化排列。这种特殊形式的视觉组织的使用在很大程度上取决于互联网本身的结构。后者配备了不同的界面和软件应用程序，便于导航全球网络的内容。在这方面，浏览器能够同时打开多个窗口，是万维网架构中典型和最明显的组成部分。在视觉层面上，浏览器的每个窗口都是由各种数据（文本、图形、视频、动画）和可见导航工具（如框架、菜单、滚动条等）组成的混合形式。此外，每个窗口独立于其他窗口而存在，因此它们都在争夺用户的注意力和定义自己的观点，这就否定了统一这种异构环境的任何机会。因此，用户被迫不断地将注意力从他在万维网中寻找的实际信息转移到浏览器的图形架构。这些性质不同的大量视觉符号构成了“超媒介性”的本质，其

① JD Bolter，R Grusin. Remediation: Understanding the New Media. The MIT Press，Cambridge，2000，p. 272.

主要目的是通过丰富的表征来承认媒介的存在。“当代超媒介性提供了一个异质的空间，在这个空间中，表征被构想为不是通向世界的窗口，而是将自身窗口化，作为通向其他表征或其他媒体的窗口。”①

互联网艺术家挪用这种“超媒介性效应”并转化为他们自己的图形化方法，帮助他们揭示隐藏的或不可见的互联网结构。“超媒介性”的影响在一系列作品中变得特别明显，这些作品以电子媒介的无形态特质面对观众：这些项目主要处理数据可视化、虚拟空间的重新映射、代码“绘制”、异常浏览等问题。因此，网络艺术网站可能充溢着对正常互联网功能的描述，如超文本元素、HTTP 协议、源代码，以及不同的网络界面组合，即按钮、滚动条和菜单。它们充满了视觉符号和图标的混合，这是万维网固有的特性，因此后者以图形的方式暴露出来。网络艺术家使用“超媒介性”作为实用工具，作为承认数字媒介、展示其形式和功能或体现其内在特质的手段。

第四节　超媒体结构与网络艺术的主要特征

万维网是一个复杂的超媒体系统，它有自己的功能规则、图形呈现和底层结构。这是一个以信息为导向的广阔世界，其组织的目的是提供对不同类型数据材料的访问，从图像到电影片段和文本文件的一切。由于全球网络是由隐藏的技术元素和可见的图像复合物组成的高度精细的架构，任何种类的图形或音频 / 视频信息都可以在全球网络中获得。虽然超媒体在技术术语上的实际实现是一个相当复杂的过程，但其总体结构可能很容易

① JD Bolter，R Grusin. Remediation: Understanding the New Media. The MIT Press，Cambridge，2000，p. 34.

通过以下三个基本概念来解释：数据库、界面和超链接的系统。在这一部分中，我们将对它们进行简要的描述，从而总结出它们对网络艺术实践在美学和意识形态上的意义。

万维网的超媒体结构依赖于一个巨大的数字化的数据库。该数据库是信息单元的集合或集合的集合，它们被组织起来用于快速的用户导航。万维网的每个部分都可以被视为不同媒体项的集合，即文本片段、声音样本、照片、图形细节等：每个单独的网页都代表着自己“是一系列独立元素按特定顺序构成的列表，包括文本框、图像、数字化视频剪辑以及其他网页的链接”。

事实证明，数据库的形式对整个数字化的环境至关重要。根据列夫·曼诺维奇所说，它已经成为当代媒体文化的“隐喻”。数据库最有价值的地方是互联网，因为后者实际上呈现了一个大型多媒体数据库，所有的数据都按照超媒体结构进行定位。这个数据库的独特之处在于它会不断扩展，这主要取决于互联网媒介的特征：由于其页面的倍增，网络仍然处于一个不断增长和发展的状态，包含所有媒体复合物的网站都会不断更新，从而进行扩展，总是可以用新的部分来补充它们，并修改已经存在的东西。

为了导航数据库，需要有一个交互式的可视工具，该工具现在被称为“界面”。它是一种特殊的机制或工具，便于查看和操作存储在网络中的各种媒体内容。浏览器是互联网环境中最典型的界面。界面的概念象征着所有数字媒体的核心和名称，即提供对信息的访问或以可理解的形式呈现编码的数据集合。因此，通过新媒体的界面，数据库被转化为用户操作的主题——查看、导航、搜索等。在这里讨论网络界面的其他正常功能是毫无意义的，因为它们都非常明显，任何普通互联网用户都知道。相反，人们可以提及这一技术工具的文化或象征作用。

虽然浏览器界面的主要设计目的在于实现透明的导航，但在实践中并不能完全实现。尽管有“中立”和“用户友好”的预期品质，界面永远不可能完全隐形，相反，它显然站在用户和数字领域之间。它象征着计算机的隐藏的技术维度与人类的感知、解释和交互相遇。在这方面，界面影响了人们对万维网的理解：它定义了观者如何感知虚拟环境和任何与此环境相关的对象的方式。网络浏览器作为互联网的设备，为媒体项的显示设置了自己的规则，从而给出整个互联网领域的具体表征。用户必须接受这些条件，只有在这种情况下，才能够访问全球网络的内容。与数据库一样，界面也可以被理解为现代数字文化的另一个“隐喻”。

界面通过超链接将万维网分散的各个部分连接起来，因此超链接系统是超媒体结构的第三个重要元素。这些链接设置数据之间的关联，使用户在搜索信息时能够在互联网上导航。超链接的关键特点在于它的非线性和非层次结构。通过这种特点，用户可以以一种随机的方式从一个媒体对象跳转到另一个。这种非层次结构意味着在网络中找到的所有数据对象之间都有着平等的关系；同时也表明了选择的自由，即由用户决定选择下一步要去哪里。

由于上述所有元素都是互联网媒介所固有的，因此在某种意义上，它们在互联网艺术的概念、形式和主题内容中就占据了主导地位。网络艺术对此提出了自己的评论：它将所有这些实用的特征转化为审美形式，并赋予它们额外的意义。一方面，网络艺术揭示了数据库、界面和超链接的形式，展示了它们作为单一超媒体系统的作用和功能。另一方面，它将它们转化为文化现象或象征性对象，起着审美的作用，而不仅是实用的作用。网络艺术家故意牺牲超媒体的传统功能，而追求万维网审美的、图形的和表征的方面。它既是对隐藏的超媒体结构的探索，同时也是对习惯性的媒介提供一种新体验的尝试，以质疑其本质或测试其极限。

一、数据和代码作为超媒体环境的基本基础

网络的超媒体环境是基于信息的，这一事实似乎不言而喻。互联网作

为一种“新媒介”，属于数字领域，一切都通过代码和数据进行操作运行。然而，在研究万维网的复杂结构时，重要的是要更深入地理解数据和代码的概念是如何相互关联的，它们在整个超媒体结构中扮演着什么角色，以及形成了什么样的文化话语。对于当前的分析来说，确定这些技术概念在网络艺术实践中的位置，并确定这些看似实用的现象如何成为美学探索的焦点，具有同样的重要意义。

在详细说明新媒体以及相应的超媒体的主要趋势时，曼诺维奇有意强调了第一个也是最重要的原则，即它们的代码结构或者说是信息基础。包括互联网的所有数字媒体，基础都是离散的数据，这些数据是“采样的”“量化的”，最终，它们都被有序安排到数据库的结构中。

在网络艺术的多重实践中，正是数据的现象成为审美反思和批判性反思的主体。它在整个网络艺术发展时期，即从 20 世纪 90 年代中期到今天，都是观念性的主题。在此期间，对数据和数据库概念的艺术研究形成了一个单独的互联网艺术领域，被称为“数据可视化”。借用曼诺维奇对数据库的理解，将其视为占主导地位的新媒体形式，网络艺术家渴望创造自己的信息空间，以此挑战对数字媒体的常规理解。例如，他们有目的地生产动态的互联网地图或可替代的网络浏览器，让用户注意到通常无形或不可见的媒体组件，比如脚本、代码、像素和其他信息元素。在这方面最突出的网络艺术项目中，有丽莎·杰伯瑞特（Lisa Jevbratt）的《1：1》[①] 项目，也有艺术团体 Jodi 的一些作品。这些作品将在之后的分析中得到进一步的研究。

新媒体领域要求数据以特定的结构和形式呈现，即代码的形式。构成超媒体基础的所有信息流仅作为编码单元存在，受数字领域相同规则的约束。因此，代码的概念或在超媒体环境中编码的问题，是同一信息的另一

① http: //rosebud. arts. ucsb. edu/~jevbratt/1_to_1/index_ng.html. [2022-12-02].

个方面，也是万维网功能的另一个重要问题。代码和数据彼此之间密切相关，它们作为同一过程和同一结构不可分割的部分，因此它们的含义和用途有时可能会被混淆。然而，应该予以强调的是两者之间存在着概念上的差异。如果数据通常被理解为一组特定结构或信息的一部分，那么代码主要与如何创建这些特定数据集有关。在其绝对的文字式外观上看，计算代码由“0”和“1”组成，它们通过不同的编程方法进行操作。在这方面，编码行为通过应用数学算法或函数与数据的生成、修改和转换过程相类似。

在网络艺术实践的语境中，代码现象，特别是编码过程，获得了许多额外的含义和内涵。在通过编程技术手段创作作品的同时，网络艺术家对编码过程本身的美学和象征性品质着迷。因此，如艺术家丽莎·杰伯瑞特一样的一些人，将编码行为等同于创造现实的行为，即在现实下的互联网超媒体环境。编写代码意味着改变、修改或扩展网络的超媒体架构。打个比方说，编码就像是用超媒体材料去雕刻或设计，体验这种材料折叠和落下的方式。编码是构建环境的行为，是移动环境和在环境中移动的一种方式。即使这个环境是由我们自己编写的，由它的各个部分组成的整个网络，比如语言和协议层、数据包、病毒等，已经达到了一个足够复杂和丰富的程度，足以让我们将其视为一个有机体。

作为构建超媒体的工具，编码在各种网络艺术项目中成为哲学的和创造性探索的主题。他们试图探索它的内在品质，以及它运作的所有复杂方式。

处理代码和数据元素是互联网艺术的主要特征之一。可以看出，网络艺术作品特别关注对编程（编码）和数据主题的重新解读、再挪用和美学反思。它们具有超媒体的基本特征，例如，包括互联网协议、超文本标记语言（HTML）、可扩展标记语言（XML）、互联网地址等。尤其是网络艺术家，他们将数据现象作为审美主体、创作素材和哲学观念，同时融入作品中。

由于更多地关注网络媒介的形式方面，一些学者将网络艺术归入形式主义艺术的范畴，并与欧洲的形式主义传统相关。这种观点只是在一定程度上证明了它的正确性。称网络艺术为绝对的形式主义是不对的，因为它使这个媒介的所有常规标准都面临着巨大的再评估和再思考的问题。这种艺术实践最重要的特点之一，就是它与互联网题材的批判性的距离，这意味着对超媒体的不断重新评价、质疑、误读甚至批判。简单地说，网络艺术并不原样接受网络结构的所有常规的组成部分，而是从批判性的视角考虑它们。

二、网络艺术中数据可视化的发展趋势

在反思为什么当代网络艺术家选择数据可视化作为其作品创作策略之一时，我们应该考虑数字信息的固有的和最基本的特征，即其去物质化或非实体化性质。超媒体环境中的数据似乎是非实体化的，变得完全抽象或无形，没有机会通过感官直接体验它。这种数据流在虚拟层面上运行，不可能直接表征数字化的物质，比如代码或算法。因此，媒介的信息基础对于用户来说仍然是完全不可见或无法理解的。克服数字化数据这种非实体化状态的可能方法之一是生成其视觉模型，或者简单地说，可视化。这将显露出隐藏在“表面”之下的特定的数据集。

可视化方法在网络艺术家中被广泛地采用。他们将其作为数字领域研究和实验的工具。在某些特定项目中，它们体现了超媒体的信息基础，一般来说，观众是看不到这些的。通过可视化，网络艺术家设法将抽象数据转化为具体的形状，并将在网络中传输的数据包的信息混乱状态转化为清晰有序的形式。网络艺术的视觉模型充当了对信息流进行改造、重塑、重构和重新排序的美学手段。这使旁观者能够看到在庞大而看似随机的数据集背后的清晰模式或元素。在这种情况下，网络艺术扮演着互联网媒介难以穿透的数字基础和用户感官之间的一种中介：它将数字化数据的高度抽

象概念转换为可感知的东西——一种图形化的描述。

在文章《数据艺术的反崇高理想》（*The Anti-Sublime Ideal of Data Art*）[①]中，列夫·曼诺维奇将这种将无形的现象转化为可理解的表征的特殊能力描述为数据艺术的“反崇高”美学。他在将数据可视化项目与浪漫主义时代的艺术进行比较后，发明了“反崇高（anti-sublime）”一词。浪漫主义时期的艺术思想基本上以崇高的思想为中心。曼诺维奇将浪漫主义艺术与基于互联网的艺术进行了比较，得出结论，后者直接与前者对立。如果浪漫主义艺术家相信不可理解的、因而不可表征的事物的存在，那么网络艺术家则相反，他们渴望可视化和体现一些无法想象和去物质化的东西，即虚拟的数据的各个方面。

在这方面，最引人注目的例子之一是瑞典出生的艺术家丽莎·杰伯瑞特，她在她的项目《1：1》中展示了一个大型 IP 数据库的五种不同的可视化效果。从形式上看，这个作品表现为一组五个独立的界面，分别是“迁移”“分层”“每一个”“随机”“偏移”。它们中的每一个都可以在 IP 地址数据库上进行导航——IP 地址是指在全球网络中显示网页位置的实际标签。这五个可视化包含大量色彩丰富的表征，通过单击其中的一个，用户可以被传输到另一个 IP 地址。这个作品的最初目的是收集所有现有网站的地址并将其存储在该数据库中。但由于网络的快速发展，这种雄心勃勃的想法无法付诸实践。该项目的最新更新于 2002 年完成。

然而，这个作品不是众多的界面之一，而是数据库本身。它设定为提供对互联网的访问，并以与常见布局截然不同的方式显示后者。根据丽莎·杰伯瑞特的说法，该项目旨在为互联网结构提供一种新的体验，将万维网呈现为一个纯粹的数字空间，其中包含大量通常对观众隐藏的信息：

① https: //silo. tips/download/lev-manovich-the-anti-sublime-ideal-in-data-art.[2022-12-02].

IP 地址的数字、未开发的网站和神秘的信息。正如艺术家所设想的那样，万维网的常规界面（通常意味着通过门户网站和搜索引擎进行导航）并不能充分表征网络的基础设施。相反，它在丰富多彩的表面下隐藏了万维网的内部信息基础，用户被迫需要处理这些信息。《1：1》提供了一个超越这一可见表面并审视互联网技术基础的机会，并有意地将重点放在 IP 地址这一主题上。

杰伯瑞特认为该项目既是一个艺术作品也是一个分析手段，用于考察互联网媒介的非物质属性和技术功能。《1：1》项目是网络艺术自指性的一个明显例子：它将主题的、图形的和观念的重点放在网络自身。一般来说，《1：1》作品可能被评价为“实体化”或“物质化”互联网隐藏结构的艺术尝试，有意强调互联网协议的方面。它不仅是对隐藏元素的表征或图形化描述，而且是使用隐藏元素进行一种直接探索、交互和实验的方式。

考虑到将数据可视化方法作为分析超媒体组件的工具，强调一些关键点很重要。首先，这种方法具有真正的科学背景，因为它出现在美学学科（艺术、设计和视觉文化）和技术学科（如工程、计算、数学等）的交叉点上。当研究人员遇到了需要处理大量信息的问题时，可视化数据的需求首先出现在自然科学和技术科学中。就实际使用而言，从他们的角度来看，将抽象数据转化为视觉形式（即图像形式）是非常合乎逻辑的。将图像应用到数字领域解决了如何处理大量数据的问题：视觉化为科学家提供了在多个数据集之间进行正确导航的能力。

上述方面意味着，网络艺术中的数据可视化项目超出了简单的图形化描述或数字化表征的限制，因为它们处理来自互联网的实际工作数据。例如，此类数据可能是 IP 和 URL 地址。这些数据的可视化是为了直接体验和主动探索，而不仅仅是被动的观察。丽莎·杰伯瑞特的网络艺术作品《1：1》旨在让观众尽可能地接近网络数据，它缩短了用户与超媒体环境信息基础之间的距离，通过图形隐喻来解释后者。这一类型的作品打破了流行的观点，即虚拟数据是不可访问的、不可触及的、无形的，并且超出人类理解范围之外的，相反，它们揭示了虚拟数据的“物质性”和相关的功能。

事实上，一些可视化作品呈现了艺术性构造的界面，用户可以通过这些界面与实际的互联网数据库进行交互。从这个意义上讲，数据可视化同时具有美学和实用功能——然而，后者的重要性通常被最小化，因为此类作品中界面的可用性水平通常较低。网络艺术家并不希望创建用于信息导航的符合惯例的图形工具，例如惯用的互联网搜索引擎或商业门户，而是希望为用户提供不同的超媒体数据源体验。他们的数据可视化作品“提供了重要的新见解的可能性，提供了一个揭示隐藏过程或复杂关系的理解时刻，突破了现有障碍，提高了对研究的关注度”[①]。相反，由于艺术家关注于产生美丽的和视觉上吸引人的隐喻，因而审美品质被放大或被特意强调。而通过这些隐喻，数据集会得以体现。

艺术性的数据可视化是否应严格区别于科学的数据可视化，以及是否应在两者之间划定明确的边界，这仍然是一个有争议的问题。然而，很明显，两者在概念、哲学基础和一般用途方面有所不同，而在形式层面上可能有许多相似之处。

三、测试源代码的图形潜能：Jodi 案例研究

测试万维网媒介隐藏的无形组件的另一个重要策略可以在 Jodi 的互联网作品中看到。Jodi 是荷兰 / 比利时双人网络艺术家团体，由琼·海姆斯科克（Joan Heemskerk）与德克·佩斯曼斯（Dirk Paesmans）组成。他们的项目是基于数字化代码的图形模拟。Jodi 的高度视觉化作品看起来像是对源代码各个方面的艺术性游戏：他们的作品网站由快速变化的，对 ASCII、

① https://journals.uvic.ca/index.php/ctheory/article/view/14687/5557.[2022-12-02].

HTML、XML、XSL、CSS 以及其他在计算机编程编码系统中常见的代码的描述组成。

Jodi 在评论关于代码和算法的图形实验时表示，他们的项目的主要目的是质疑互联网的常规规范和功能，通过将通常控制网页的编码带到作品表面，将软件从里到外翻转。尽管该团体的艺术实践旨在破坏流畅便捷的互联网冲浪理念。在正常情况下用户可以访问所需的内容。艺术家试图用不熟悉的结构和不自然的网页界面设计来面对观众，这样传统的超文本系统已经不起作用。为了达到这个目的，Jodi 创建了他们看起来奇怪的网站，网站上充斥着各种各样的神秘符号、铭文和编码信息的表征。所有的视觉组件及其异常行为，比如闪烁、重新定向、混乱无序的运动等，都是为了模拟一个偶然的网络功能障碍或整个网络系统的蓄意故障。正如米歇尔·怀特（Michele White）在其文章《失败的美学：网络艺术出了问题》（*The aesthetics of failure: net art gone wrong*）中所说，诸如“wwwwwwwww.jodi.org”之类的在线作品有意地融入失败美学。“这种失败美学可以定义为网络艺术家自反地引用和误用计算机已被编程方面的方式。”[①] 这不仅仅是对“超越表面”的内部结构的展示，而是对整个超媒体结构的咄咄逼人的批判。这都通过 Jodi 的作品表现出来。

因此，在访问作品“wwwwwwwww.jodi.org”的网站时，用户面临着一行闪烁不清的密码，像是在模仿一种编程错误或代码损坏，这使观众对网站的合理运作感到困惑和不确定。用户浏览这个站点越久，看的越多，就越会确信系统会崩溃，因为大多数页面显示的是编码、图像、铭文和文本片段的混合物，它们彼此之间随机相互链接。

然而，链接的模糊性和不同类型视觉材料之间关联的模糊性，是 Jodi

① M White, “The Aesthetics of Failure: Net Art Gone Wrong”, Angelaki: Journal of Theoretical Humanities, vol. 7, no. 1, 2002, p. 173.https://www.tandfonline.com/doi/abs/10.1080/09697250220142119.[2022-12-02].

使用的一种有目的的方法，其具体目的是让观众迷失方向，同时让他们有机会自己去检查网络。网站自身缺乏符合需求的地图和清晰的指示，是在鼓励用户在项目的空间中进行一次独立旅行。该空间本身就像一个迷宫，有许多虚假的轨迹和死胡同。结果，观众获得了一种完全不同的超媒体环境体验：如果传统的万维网界面被认为是“用户友好的”，即是实用的和易察觉的，那么由 Jodi 设计的界面则恰恰相反，起到了误导的作用。这让用户相信是 Jodi 的网站出了问题。观者被置于一个模糊的语境、困惑的状况中，迫使他们自己得出结论并做出决定：应该继续探索超媒体的内部运作吗？或者是网站已经崩溃了，应该离开这个网站？一方面，它可能被理解为一种为普通用户创建的陷阱，而另一方面，这是一种打破人们所熟悉的超媒体开发规则的方法。这同时也是哄骗和扩大观众对超媒体化结构的理解的手段。

至于破坏超媒体的工具，Jodi 选择了源代码，创造性地结合编码的不同方面，作为其作品的观念基础和艺术表达的手段。由 Jodi 改写的代码模拟变成了独特的探索主题：Jodi 设法将这些元素转化为具有美学价值的人工制品。它们可以从不同的角度来考虑，包括媒体导向的、美学的、哲学的、语言学的和所有相关的立场。Jodi 的艺术实验导致了对普通技术概念在美学上的重新评价，赋予技术概念额外的意义和特征。其中之一是图形或图像的质量，在正常情况下，这是艺术作品或视觉文化领域所固有的。在 Jodi 的项目中，通常看不见的被隐藏的源代码变成了一种高度可视化的现象。源代码以文本文档的形式出现，所揭示的是在“wwwwwwwww.jodi.org”的表面下有一整层图形和 ASCII 文本艺术。

四、通过“反浏览器”质疑超媒体结构的规则

万维网复杂的超媒体结构应该被视为通信手段，能够访问各种类型的数据和多媒体内容。它意味着一个可见的图形界面，通过该界面可以以多

种方式查看、导航和控制全球网络的所有异构信息。同样，它需要一种特殊的方法来连接万维网材料的分散部分，这就是超链接系统。超媒体是超文本结构的逻辑发展：但如果超文本结构最初用于链接单一类型的信息，即文本，则前者能够交织各种数据集，包括图像（图片、照片和图形）、音频、视频材料，当然还有文本碎片。

按照分散或非线性的方式定位，超媒体环境的信息单元可以单独通过专门为万维网导航创建的特定工具或应用程序进行读取、搜索或操作。在这方面，浏览器是支持互联网冲浪最典型的软件程序。浏览器充当着用户和充斥着不断增长的互联网空间的巨大信息流之间的中介：它构建了万维网，以适当的图形形式塑造了抽象的虚拟元素。

从象征意义上来说，浏览器可能被视为一个“窗口”，打开了对万维网内容的浏览；从字面上讲，它适合于显示和遍历网络的数据资源。因此，该软件程序的主要目的在于使网络信息在超媒体结构的框架内快速被访问和真实地呈现。然而，当代网络艺术家发现了质疑网络浏览器的一般含义及其各种使用模式的方法。作为他们作品的一部分，他们开始创建替代程序或所谓的“艺术浏览器”，旨在探索互联网媒介的特征，而不是查看网页的内容。

替代性浏览器作品中最突出的示例是“网络跟踪者”（Web Stalker）。对这个作品的讨论将围绕艺术浏览器如何有助于探索互联网架构和挑战超媒体功能的常规这一主要问题展开。

无论考虑哪种特定类型的艺术浏览器，它们都具有许多相似的美学特征，并具有大致相同的含义，即批评熟悉的万维网导航方式或违反互联网的可用性标准。所有这些都可以理解为对普通用户在网络上所习惯的行为的艺术性挑衅。因此，由于其挑衅性，此类浏览器也会被称为“反浏览器”，类似于“反艺术”或“反美学”这样的词汇。

第一个也是最有争议的艺术浏览器，即所谓的“网络跟踪者”是由英国网络艺术三人组“I/O/D”发明的，其成员是马修·富勒（Matthew

Fuller)、科林·格林(Colin Green)和西蒙·波普(Simon Pope)。他们渴望创造一个艺术性的替代品，取代20世纪90年代后期流行的网络浏览软件，即“Internet Explorer”和“Netscape Navigator”。在某种程度上，“网络跟踪者”是作为整个浏览软件行业的对手制定的：它挑战了互联网当时正在进行的商品化、商业化和标准化进程，在当时，互联网主要被用作商品(以及服务)的宣传和分销的通信手段。马修·富勒和科林·格林决定创建一个与“Internet Explorer”或“Netscape Navigator”迥然不同的特殊应用程序，旨在颠覆应该如何使用、表现和感知网络的习惯方式。

艺术家们认为，万维网的主要组成部分不过是各种数据流，被传输到、连接到网络的不同的计算机上。根据他们的假设，整个万维网的数字环境是由信息流构成的。这些信息流是编码数据单元，是高度抽象的和非物质性的。为了使这些信息流具有可理解的含义，需要一种特殊的软件工具，即设备解释器，它可以将加密信号处理为可见内容。在这方面，万维网浏览器扮演着最强大的软件工具的角色，它将数字代码转换成人类感官可访问的数据材料。根据浏览器的结构、功能和图形排列，用户可以获得各种类型的信息。这些信息可以以多种格式呈现，如文本、图形、音频、视频等。同时，用户也可以对万维网架构有一定的了解。因此，打个比方说，浏览器变得能够“强加自己的观点”，并以某种视角呈现超媒体环境。

浏览器构建了自己的网络表征，这一事实启发了“I/O/D”团队的艺术家们创建了“网络跟踪者”这一替代性的应用程序，其基本目的是让互联网用户面对互联网结构的全新的和陌生的描述。“‘网络跟踪者’对HTML流执行了一种不可分割的、技术的、美学的和道德的操作，它立即改进了HTML流，产生了新的使用方法，忽略了与之相关或嵌入其中的许多数据，并提供了一种机制，通过这种机制，可以探索和使用万维网的深层结构。”①

① M Fuller，“A Means of Mutation，notes on I/O/D 4: The Web Stalker” . http: //www.variant.org.uk/6texts/Matthew_Fuller.html.[2022-12-02].

“网络跟踪者”的功能性和表征性方面与标准化的商业浏览器形成了很大的反差：反浏览器否认页面布局的常规视觉风格，包括“框架”“滚动条”等图形元素。它有意将用户的注意力吸引到万维网的其他更有价值的“底层”组件上，即 HTML 数据流及其相互链接。类似地，浏览器抛弃了大多数其他典型的互联网内容——图像、动画和声音，其主要目的是揭示万维网的核心，提供其赤裸裸的骨架视图。源代码和网站之间的链接成为“网络跟踪者”的主要视觉元素，它们与被揭示的数据一起构成了对全球网络的描述或视觉模型。

然而，这种看似务实的数据呈现方式为数字媒体，即互联网带来了新的美学视角。通过“网络跟踪者”浏览器浏览，万维网变成了一种新的可视化现象，被剥夺了它的普通功能和常规用途。在这种情况下，反浏览器软件作为一种艺术手段被融入，将超媒体环境转化为一件艺术作品，或者至少转化为审美的和反思的对象。整个项目清楚地说明了如何在数字领域中实施艺术方法。它展示了艺术在通过编程创造的非物质空间中所具有的渗透和有效运作的能力。

“网络追踪者”的发明者将他们的创作与当代艺术实践和软件生产领域联系起来：很明显，他们试图将“反浏览器”放在广泛的社会文化语境中，这具有多种可能的含义。在试图定义他们的项目时，“I/O/D”在“反艺术”或“非艺术”的概念之间摇摆，最终产生了“不仅仅是艺术”的想法。这样一个雄心勃勃的术语证明了网络艺术的普遍性，特别是“艺术浏览器”，因为它意味着进入人类生活的另一个领域，而不仅仅是艺术领域。

“网络跟踪者”的出现在艺术史学者和新媒体学者之间引发了一场大辩论，它对程序工程师和普通用户都产生了巨大的影响。总的来说，它让人们对熟悉的超媒体使用模式产生了怀疑。它在被动地消费的图像或网络内容和使用它们，以及由它们组成的文本和 HTML 链接所构成的其他类型的视觉结构之间打入了一个楔子。

第五节 媒体混合：通过网络艺术研究网络的多媒体特征

一、多媒体与网络艺术

与前一节讨论互联网内部或“隐藏”的结构的问题不同，本节将研究万维网混合环境中的“媒体混合”或“媒体组合”的问题。它将聚焦互联网的内容问题，而不是其结构或功能，试图探讨网络艺术作品如何利用和重新思考网络多媒体特征这一主题。

万维网的异构环境一直是媒体理论家们争论的主题，他们提出了不同的假设，即网络是否能够在一种虚拟模式中再媒介化所有现有的媒体。通过这种方式，一些学者发明了自己的定义和分类，将互联网描述为“混合”的、“超级”的或“元媒介”的，从而强调了其固有的媒体特征——多样性。这些理论家中的大多数得出结论认为，网络应该被视为一个复杂的交流平台，将所有可能的媒体聚合在一起，可以以多种方式进行操控。因此，除了一般查看之外，网页的混合内容可能会被编辑、混合、复制、发送到不同的服务器等。

全球网络结合了不同的媒体形式，将它们的内容放入不同的关系中，即混合、再混合、融合和并置。由于万维网的无形性质，这种媒体混合的实践成为可能。这些媒体不是物理的模拟媒体，而是它们的仿真媒体，它们参与了基于网络的合作。互联网的虚拟环境包括了对图形、声音、文本和视频媒体形式的模仿，迫使它们以新的方式工作。这些仿真似乎是其原先的物质对象的改进版本；它们获得了新的特性和改善，而这些对于它们的实体原型来说却是做不到的。网络结构不是模仿，而是改变和扩展整合媒体的创意潜力，赋予它们新的表达和交流特征。这种改进的一个最明显的例子是超链接系统，即万维网的不同媒体组件如何相互连接：这自动将多媒体的概念转变为超媒体的概念。其他值得注意的特性是在线编辑和动态搜索，它们成为处理网上信息不可分割的工具。万维网为用户提供了多种操控媒体内容的机会。例如，用户可以浏览、访问或共享已经制作出来的材料，以及以不同的方式创建、发布和出版自己的数据。

万维网所包含的虚拟仿真媒体证明了其相对于物质媒体的巨大优势，只要其特征可以永久性地修改和扩展。它们仍然处于不断变化和发展的状态，这意味着编辑、搜索、导航、查看和撰写等工具的增强。正如前述分析中已经指出的，万维网指的是“新媒体”类别，这种“新性”主要表现在新的特征上，这些特征可以很容易地添加和改进，如硬件和软件的更新。因此，互联网的复杂多媒体环境并不旨在简单地表征旧媒体或模拟其属性。相反，它是为了重新调整或重构所有现有形式，以及增强其表达功能。这是一个不断更新或重生的过程：“如果物质性媒体的发展需要改变其物理实质，那么新媒体的属性可以通过简单地改变现有的软件或编写新的软件来改变。”①

值得注意的是，互联网媒介在其存在期间经历了若干重大变化。如今，万维网呈现出一种复杂的超媒体结构，能够支持各种图形、音频、视频和交流模式，而在一开始，它是一个完全基于文本的平台，专为小型专业群体的需求而设计。在 20 世纪 90 年代初，视觉组件的加入加速了网络的发展，因此到了 20 世纪末至 21 世纪初，互联网已经转变为广泛的多维度现象，被所有社会阶层广泛使用。目前，它包括所有已发明的通信手段，例如电话、电视、广播、出版、即时讯息程序、电子邮件；用于显示和编辑各种媒体内容的工具，即音频视频播放器、图像查看器和文本阅读器。此外，它在信息存储和数据放置方面也有很大的可能性。作为一项规则，所

① http://manovich.net/index.php/projects/understanding-hybrid-media.[2022-12-02].

有这些工具都彼此紧密交叉或组合，因为它们可能在同一门户、网站或网页的语境中相互关联并使用。例如，一个网站可以同时包含媒体播放器、QQ 和论坛。

正如人们所看到的，万维网提供了一种新的、相当复杂的再媒介化形式：一方面，它采用了不同的视觉和文字媒体的元素；另一方面，它使这些媒体的特征和特点发生了重大变化和修改。而且，这种“旧”媒体对数字环境的结合和适应，导致了新的媒体手段和工具的产生，而这些新媒体手段和工具只能在虚拟世界中存在和运行。在这方面，万维网作为全球性的、不断扩展的混合体，试图将所有的物质性的格式转移到数字领域。它既是媒介（元媒介），也是发展新媒体流派和变体的工具。

互联网从旧媒体形式的视觉媒体中借鉴的主要是其内容，从文字媒体中借鉴的是关键功能。这些内容和功能被重新组织、重新定位并重新配置到新的数字空间中。万维网根据其自身的结构和次序排列各种类型的信息（如图形、文本、音频、动画），将其他媒体的内容置于超媒体结构的语境中。互联网为人们熟悉的内容（照片、图片、文本等）提供了一个全新的视角，并使所有媒体格式服从新的共存规则。它以多种方式处理数据，即混合、再混合、合并或优先处理某种特定类型的数据，这引发了多样化的媒体内容之间新关系的出现。

在这方面，网络中各种媒体类型之间的两种最明显的交互可以用融合和再混合的概念来描述。融合和再混合性都重申了互联网的异质性：这两个概念说明了在同一个框架内同时出现的多种媒体。根据它们的逻辑，媒体可以组合、并置、互补或找到另一种互联方式，但这总是基于它们（不同媒体）在同一虚拟空间中共存的事实。这些概念构成“新混合语言”的一部分，如今在当代数字文化领域得到了广泛应用，尤其是在描述视频艺术、计算机艺术和互联网艺术、电影、现代大众媒体和广告等现象时。

媒介融合涉及某种技术术语，特别是指在单一技术平台（如计算机、互联网、智能手机等）的基础上整合各种媒体形式。根据博尔特所说，融合可以被视为再媒介化策略之一。它表示一种特殊类型的媒体再利用，即不同的通信手段相互重新配置。因此，他认为融合是对至少三项重要技术，即电话、电视和计算机的相互再媒介化。然而，这一观点似乎受到形式标准的限制。博尔特提供了一种由技术决定的方法来理解融合文化，在他看来，融合文化仅围绕某些设备的技术特性而展开。

如果从更广泛的意义上理解，融合可能意味着媒体公司、服务、专业文化或行业通过电信手段进行全球合并。融合的大趋势是显而易见的，人们迫切希望将所有现有的格式合并到一个单一的、以数字化配置为基础的通用媒介或元媒介中。融合是整个媒体文化发展的一个关键概念和里程碑，它意味着不同的媒体格式不再保持分离，相反，它们在同一个数字领域中共存。由于数字化进程的不断推进，如今的媒体可能会通过许多种方式和方法进行联合，其中大部分是通过全球网络进行展示的。

“再混合”的最简单的定义意味着，多种媒体的内容混合或融合到一种形式中。然而，在互联网环境中，再混合性的运作规模更大：网络可以将不同媒体执行的几乎每个组件、技术、视觉语言、表达或表征性功能进行混合。这是一种完全或所谓的深度再混合性，这是在互联网的基础上才成为可能。网络的信息基础和交流特性使各种类型的数字化材料能够混合，从文本文档到运动图形和视觉模板，一切都可以混合。信息和传播，这是两个促进了互联网环境中的媒体再混合过程的关键因素。换言之，不同的媒体内容可以首先分割成小的信息单元，然后传输到数千个网络域。数据集的形式及其非物质性的传输方式简化了媒体合成物的再混合，因此各种媒体组件（无论是消息、gif 图像或音频）都可以再混合，并很方便地在互联网用户之间分发。数字形式允许根据需要任意次拆分和重组的媒体部件，从而产生无限数量的组合或再混合。

一种形式的再混合或“可再混合性呈现了一个变革过程，在这个过程中，我们组织和共享的信息和媒体可以重新组合并构建起来，以创建新的形式、概念、想法、混搭和服务”[①]。曼诺维奇在这里强调了再混合现象的两个不同特性：它的永久活动性，是动态的，而不是静态的力量；生成新媒体类型的能力。再混合是处理媒体的完美手段，因为它“将媒体从被动的发行媒体转变为主动的创造性媒体”[②]。

在 20 世纪的最后 25 年，“再混合”的概念经历了多次转变，促使其从特定的音乐创作术语发展为文化认识论。今天，“再混合”的概念获得了更广泛、更全面的含义，涵盖了现代文化的大部分方面。它既可以涉及数字平面设计领域，也可以涉及当代文本分析领域。当前时代的所有视觉的、听觉的或文本的文化形式在一定程度上都受到了再混合概念的影响，因为后者已经转变为当代艺术创作过程的主导性的概念。

“混合”媒体内容及其在网络上的不同表现形式的问题构成了当代互联网艺术家的一个特定的探索主题。与新媒体理论家或互联网研究者一样，网络艺术家试图对万维网环境中固有的“多媒体特征”进行自己的研究。他们批判性地反映了互联网混合的共同趋势，包括永久性地在内容上增长、媒体融合、物质的应对和再利用等特定方面。

然而，这些疑问得到了更为普遍和深远的问题的支持，即互联网多媒体的物质 / 非物质性质。当多媒体原则融入互联网时，它在线上工作的艺术家中引起了一定的反响。他们开始对数字媒体是否包含更多有形或无形属性提出合理的问题，并想知道如何利用这些属性。大多数网络艺术家特别关注这些模拟的媒体形式在全球网络领域的交叉问题。他们的项目主要旨在探索媒体类型如何在数字领域相互合作：媒体在互联网环境中是竞争、对抗还是有利共存？可以用什么方式操纵它们，或者应该如何将它们付诸

---

① http://manovich.net/index.php/projects/remixability-and-modularity.[2022-12-02].

② 同①.

实践？

类似地，艺术家们开始将数字媒体仿真与他们的物质性拷贝进行比较，试图找出两者之间的关键区别，并找出对艺术创作更有利的那一个。在某种程度上，网络的新媒体仿真被用作一种艺术材料，因此，其处理方式与传统艺术手段非常相似，例如画布或油画。在这方面，网络媒介被视为“物理性”的或“物质性”的，似乎与其明显的非物质化性质相反：它是一种艺术性的测试，旨在探索网络的表征性和创造性的可能性。

二、艺术团体“0100101110101101.org”的《媒体混合体》

网络艺术团体“0100101110101101.org”在20世纪90年代后期开发的《媒体混合体》（*Media Hybrids*）是他们的互联网项目之一，旨在探索“再混合性”的多媒体和美学问题。该组织的成员在其官方网站上发布作品时表示，《媒体混合体》是通过将“被盗”的网络艺术作品与从互联网上随机选择的网页混合而成的。

从形式上看，《媒体混合体》表现为数字拼贴画，由网络中的、找到的、不同的媒体材料制作而成：链接、框架、标签、图标、图像和横幅都混合在一个网页中，并在新窗口中打开。这些都是视觉上有吸引力的元素，从不同的网站借用了图形元素的变化。融合拼贴技术又是从前卫艺术运动实践中借鉴得来，如立体派、达达派或超现实主义风格。在这些运动中，拼贴作为创作方法和哲学概念被广泛地利用。

该团体将“混合性”作为其作品的中心主题，提出了自己对网络的评价，将网络描绘成一个永久性的媒体空间——这里媒体被重复利用、复制和进入视觉循环。该项目为整个互联网文化提供了一个隐喻，由于不可避免的媒体融合和混合，互联网文化正在变成无处不在和不断扩展的混合体。在这方面，《媒体混合体》象征着网络的重要发展，其逐渐的“混合”过程和涵盖所有可能的媒体形式的趋势，同时创造了新的媒体形式。混合体不是一种异常，他们是所有数字事物自然进化的一部分。

数字剽窃，被“0100101110101101.org”将其作为主要的艺术策略之一。他们的大部分作品都是通过复制、重新使用和重新发布已存在的网络材料来完成的。“被盗”的作品可能会被“0100101110101101.org”以不同的方式重新挪用，它们可以被重新混合和重新组合，就像在他们的作品《媒体混合体》中的情况一样，或者只是以其初始形式重新发布，即保持不变。这个团体曾“窃取”并重新发布了网络艺术画廊网站“Hell.com”。

“窃取”和加工成品的策略是有意选择的：通过数字剽窃的方式，该团体引起了人们对几个重要的互联网文化问题的关注。这些问题是网络中的作者身份和版权问题，虚拟环境中的原件及其副本问题，以及其他的一些问题。

其中一个问题，即原作和复制品的矛盾，在作品《媒体混合体》中得到了特殊的反映。如上所述，后者是复制作品的混合体，是其他艺术家创作的作品的混合。《媒体混合体》质疑网络中原创的理念：通过混合、回收和重组已经存在的网络片段，他们颠覆了对原创的传统理解。因此，他们显然表明，原创这个概念在数字领域中已失去了全面的意义。媒体的仿真性质驳斥了任何可能的真实性，清楚地说明了在互联网环境中原创的缺失。本来应该是原创和真实的东西要么不存在，要么被虚拟仿真所取代——这是互联网的基本情况，可以产生无限数量的媒体拷贝。反过来，这些拷贝又是高度可变和可复制的，这增加了从同一媒体组件中获得几十个不同版本的机会。数字数据的高复现性允许生成数千份副本，并在网络上分发：所有复制品都将与其原始版本完全相同，因此具有相同的形式、结构、技术参数和表征。这不仅仅是一个真实性的问题，而是一个事实，即互联网上的原件和副本变得不可区分，因为两者具有相同的代码结构或算法。

三、马克·纳皮尔的作品主题

事实上，全球网络充斥着大量不必要的多媒体内容，迫使艺术家们寻找替代方案来处理这些无用的媒体数据。根据几位网络艺术家的假设，网络是一种由图片、动画、文字片段、音频、视频等多种混合媒体成分组成的数字混沌。

正如美国互联网艺术家马克·纳皮尔（Mark Napier）所言，网络中所有的媒体部分都可以被视为物理对象，因此，它们都要经历诸如撕碎、切片、研磨、破坏或回收等物理过程。尽管网络上媒体成分的非物质属性，但它们都提供了"二次使用"的机会，并可能被挪用为艺术实践的原材料。在《碎纸机》(*Shredder*)[①] 和《数字垃圾填埋场》(*the Digital Landfill*)[②] 这两个具体项目中，纳皮尔试图将无形的内容暴露于多种物理性的操作中：数据要么在《碎纸机》中被切碎，要么在《数字垃圾填埋场》里被分解，就好像它们是有机废物的一部分一样。

作品《碎纸机》，顾名思义，这个作品意味着将任何特定网页解构或分解为其基本媒体组件，然后将其用作数字合成的原始数据。它将最初的网站重组为全新的导航空间，在图形上让人们想起抽象绘画。在再混合和重新排列输入的 HTML 数据之后，《碎纸机》生成了一个新鲜的、具有美学价值的艺术作品，其中包含仍然具有功能性的网络链接，即它们仍然能够提供到其他互联网地址的链接。结果，各种媒体内容以扭曲的形状显示，在视觉和架构上都发生了改变，传达了对网络的错误描述。

与《碎纸机》类似，《数字垃圾填埋场》旨在通过虚拟分解并随后回收为数字艺术作品来处理数据。为了强调该作品的"回收"目的，纳皮尔将

---

① https: //www.potatoland.com/shredder/. [2022-12-02].

② https: //www.potatoland.com/landfill/. [2022-12-02].

其比喻为一个堆肥堆，所有互联网用户都要在那里处理他们的数字垃圾。《数字垃圾填埋场》采用了与《碎纸机》类似的数据再混合 / 重组方法，旨在将“废弃”的文本、图像、代码和动画转化为一件艺术作品。在虚拟回收后，被丢弃的“数字垃圾”会出现在不同的层中；自然环境和数字环境之间的相似性变得显而易见：就像你在一层一层地梳理垃圾场一样，你会越来越深入地挖掘出那些过时的信息。

这些作品似乎是对不断增加的媒体内容问题的艺术性反思。在这种情况下，在互联网上采取“粉碎”或“分解”的积极行动，意味着发展一个新的批评观点，一个可以感知网络的新角度。这些并不是损害性的措施，旨在破坏或损坏网络，而是通过纳皮尔的在线作品获得的一种对熟悉的媒介的特殊的审美体验。然而，由此产生的网络表征可能会造成困惑或疏远感，因为它们破坏了习惯性的，对网页页面上视觉的组织结构应该是什么样子的想法。在访问《碎纸机》或《数字垃圾填埋场》这两个虚拟作品时，用户面临着对全球网络的一种替代性的、扭曲的和修改过的图形化的描述。

从美学角度来看，这两件作品都与 20 世纪现代主义绘画的艺术传统相似。《碎纸机》和《数字垃圾填埋场》的图形表征让人想起马克·罗斯科（Mark Rothko）或杰克逊·波洛克等著名人物创作的表现主义绘画作品。他们允许颜料在作品中以物质性材料的形式出现。艺术家纳皮尔有意地展示他对抽象表现主义的兴趣：后者的风格主要取决于所使用的媒介手段，如颜料和画布。该运动的总体趋势是通过“油的物质性”，通过使用它的有形的属性和密集的应用来引起一种高度的情感冲击。与抽象派艺术家一样，纳皮尔将注意力集中在作品的图形纹理上。然而，与物质性的绘画不同的是，这些图形纹理是通过数字媒体回收制作的。《碎纸机》或《数字垃圾填埋场》的表达手段不是颜料，而是由被破坏的链接、文本碎片、扭曲的图像和部分源代码组成。

在将信息单元视为自然垃圾的同时，艺术家提出了网络的物质性问题，探索了其通常被视为理所当然的有形和无形的特征。这是纳皮尔建立的一种艺术实验，目的是测试网络的“物理性”特性，同样也在质疑其非物质的性质。纳皮尔反省了数字化内容的含义、其对网络文化的意义，以及如何以不自然、不熟悉互联网环境的方式利用这些内容的问题。

物质性和非物质性这两个对立的概念构成了探索网络创造性可能性的基础。由于对内容与众不同的挪用，万维网受到了批判性的重新评估。换言之，对常规多媒体数据的创造性重新利用导致对整个互联网结构的重新利用。如果网络内容被用作创意材料，整个万维网形象地变成了艺术实体，可以通过修改其数据结构来“塑造”。它允许将网络归属于艺术性媒介类别，同时具有有形和无形的特征。这两个作品展示了万维网容纳视觉艺术的能力，主要体现在图形层面上起作用，并利用了这个媒介的所有的表达可能性。

正如我们所看到的，上面的讨论包含了基于互联网的艺术作品的五个不同的例子，每个例子都与万维网的特定方面有关。尽管它们在形式的和技术的结构上看起来非常不同，但它们都可以与“特定于网络的”项目类别或反映互联网媒介状态的项目类别相关。创作这些作品的艺术家们普遍渴望用自己的图形隐喻的方式来解释万维网的复杂结构。他们在研究什么是网页表面之“上”和之“下”时，被这个全球媒介的可见的和不可见的能力所吸引。

所有被讨论的作品都与万维网主题相关，因此，在这一主题如何表征和重新评估的方式上，它们显然具有一些共同特征。最明显的方面应加以概括，有必要找出对网络进行艺术挪用的最典型趋势。这些趋势是通过以下列出的要点来构建。

1. 不管一般性意义如何，每个项目都是作为一种对全球媒介进行的艺术实验。网络艺术家就像科学家一样，对网络环境进行独立的研究，尽管这样的研究最终导致了审美对象的产生。他们可以用万维网的真实组件，例如丽莎·杰伯瑞特的作品《1∶1》中的实际IP地址，或仅仅用图形化的仿真进行实验，例如Jodi的作品中的代码表征。他们可以以同样的方式，挪用或再使用现有的网站，例如“0100101110101101.org”的作品《媒体混合体》和马克·纳皮尔的作品《碎纸机》。在任何情况下，这都是使用网络和在网络上的实验。

2. 从隐喻的意义上讲，所有这些网络艺术作品都可以被理解为网络的不同的“肖像”，从不寻常的、有时模糊的角度呈现网络。这一点在“网络追踪者”这一艺术浏览器中尤为明显，它颠覆了互联网布局的习惯观念。在这方面，此类项目的主要目的不仅在于对网络进行不同寻常的描绘，而且在于提供每个人都已习惯的媒介的替代性体验。网络艺术作品与普通图像截然不同，因为它们旨在与观众互动，并将观众引入“替代性”的网络环境。

3. 第三个方面紧随着第二个方面：网络艺术的特定例子可以在某种意义上归因于“颠覆性”的类别，即它们破坏了对全球网络的传统理解。在他们的作品中，网络艺术家挑战了万维网运作的典型概念和规则。例如，“I/O/D”的“网络追踪者”和Jodi的项目都充满了一种打破网络共同规范和标准的激进精神。“I/O/D”是通过替代性的软件——浏览器实践，而“Jodi”则通过假的编码实现。在更大的混合空间中，代码和软件可以充当深刻的、侵入性的、解构性的或病毒式的艺术方法。这些艺术作品陈述的总体基调从对网络的微妙的讽刺到严厉的批评，各不相同。

4. 从形式的角度来看，网络艺术家创作的作品看起来就像真实的网站或网络应用程序，通常是浏览器的形式。这些作品与其他结构元素一起证明了它们在网络中的独立存在性。这就是为什么偶尔遇到这些作品的人可能会误认或误解它们。网络艺术项目被整合到互联网媒介的结构中，因此它们是其不可分割的组成部分。

5. 所有的作品在视觉上都很吸引人：它们融合了大量的图形符号和可

见元素，因此与传统绘画有相似之处。网络艺术的策略之一是对观者施加视觉冲击，从而创造审美效果。在所有这五个互联网艺术作品的例子中，作品的图形方面证明了它们的意义。Jodi 和“I/O/D”，丽莎·杰伯瑞特和马克·纳皮尔在他们的作品中都强调视觉方面，这就引出了关于互联网媒介美学特征的问题。

互联网艺术与全球媒介之间有着复杂的相互关系。很明显，它们在形式、概念、意识形态甚至功能方面都同等地相互影响。万维网为艺术的存在提供了有利的环境，它为创造网络艺术等特定现象提供了必要的工具。反过来，网络艺术以自己的审美手段做出回应，网络因此受到了批判性的反思。

第三章 网络艺术的历史

网络艺术以互联网为主要的创作材料，是一种难以捉摸的、有时是无政府主义的艺术形式。网络艺术作品往往借鉴其他互联网材料和网站的数据，这有助于赋予它们独特的动态性和短暂性。换句话说，网络艺术是一种特定于网站的艺术形式，它与自身在互联网上的存在和影响息息相关。

网络艺术在英文中有多种表述方式，如 net art，Internet art，net-based art，net.art，web-based art，web art，等等。其中 web-based art 和 web art 将网络艺术这个术语的范围缩小到 20 世纪 90 年代中期万维网建立之后的时期，因为 web 指的是万维网。而 net.art（中间的点不可缺少）这一术语与网络艺术框架内带有激进主义色彩的特定运动有关。在网络艺术的发展过程中，这些表述方式与网络技术的发展阶段有一定的对应关系，所指的具体内容和意义也就略有不同。但从今天的视角看来，所指皆为一般意义上的网络艺术。它是一种艺术形式，只能在互联网环境中呈现，因此它具有非物质的性质，并涉及计算机网络和主要是媒介自身的主题，包括对其边界的测试，以及网络和计算机美学的体验。网络艺术从属于网络空间的规则，只有在这种语境下才能理解它。因此，网络艺术不是存在于网上的艺术。网上的艺术是一个术语，可以指任何在互联网上以数字化形式呈现的艺术作品，它不一定需要这种特定的环境才能存在，如摄影作品、绘画复制品、电影等。

第一节　什么是网络艺术?

网络艺术是数字艺术的一个新兴领域，对它的研究有助于重新定义当代社会的艺术实践。基于互联网的艺术的发展，进一步证明了数字技术使艺术的融合成为可能。为了应对计算机硬件和软件日益增加的便利性、可用性和用户友好性，网络艺术已经成为数字艺术中一个不断增长的领域。网络艺术的兴起与20世纪90年代以来互联网技术的发展是同步的。事实上，艺术家在操纵新技术的同时，也为其发展做出了贡献。尽管有不同的因素促成了网络艺术的初步发展，但它主要是通过与HTML的发明相关的数字接口技术的进步而得以实现的，并在浏览器Mosaic出现后，通过图形化网络浏览而普及。这两种技术都是在1993年出现的。虽然基于网络的浏览技术和编码的发展为艺术家提供了新的图形方法，但互联网艺术家早在那时就已经在设计交互式、基于文本的数字作品。正如我们将要讨论的那样，网络艺术的先驱出现在20世纪中叶的参与式和观念性的艺术作品中，尤其是韩裔美国视频艺术家白南准（Nam June Paik）的《参与式电视》（1963）。这个录像艺术作品提供了一种用户驱动的互动体验，它预示了浏览器艺术，并允许参与的观众制作通过语音生成的电视图像。

网络艺术也被称为在线艺术（online art）、浏览器艺术（browser art）、网络艺术（net.art）、联网艺术（network art）或互联网艺术（internet art）等。网络艺术利用网络并将网络环境固有的参与性、连接性和动态性特征融入其作品中。这些术语通常可以互换使用。有的研究者简单地将网络艺术定义为基于互联网文化的艺术，虽然简单易懂，但未免不全面。2002年，德国媒体理论家蒂尔曼·鲍姆盖特尔提出了这样的一个定义：“网络艺术定位于自己的媒介；它处理的是互联网提供的特定条件。它探索了在这个电子网络中产生的可能性，因此是‘特定于网络的’。网络艺术利用互联网的协议及其技术特性。它将系统中已知或未发现的错误供自己使用。它创造性地处理软件以及软件工作所遵循的规则。它只有在它的媒介——互联网中才具有意义。”①

网络艺术既包括技术上很复杂的作品，也包括技术不是必要条件的作品，如纸质书籍和行为表演。虽然万维网是许多网络艺术家的主要媒介，但其他实践者也在利用各种形式的数字媒体或综合平台：电子邮件、即时消息（IM）、流媒体、基于文本的环境（mud或多用户域）、三维环境（VRML）、视频会议、图像文件（JPEG、TIFF）、音频文件（MP3、WAV）和视频文件（MPEG、WMV）。因此，网络艺术包含了广泛而动态的电子邮件、多媒体和基于软件的项目，以及线上、线下和ICT（信息通信技术）驱动的作品。正如我们将看到的，早期的互联网艺术作品挑战了围绕着艺术作品进行策展组织的传统的博物馆实践。

大多数互联网艺术作品只有在与“在线社区”相关的情况下才存在——这是一个对理解网络艺术的发展和传播过程至关重要的概念。网络文化是网络艺术的基础、手段和源泉。它们主要不是技术性的。它们涉及各种学术团体、新闻网站、金融交易、游戏社区、黑客团体、网上商店、博客、软件和硬件开发人员、社交网站、媒体活动家、机构和独立文化平台，以及其他任何可以通过网络传播的事情。

通过网络文化或“在线社区”生产、发行和营销的网络艺术，使实践者能够接触到大量的全球观众，同时绕过与画廊和博物馆相关的主流发行

① T. Baumgaertel, net.art 2.0. –New Materials towards Net Art, Nurnberg: Institut fur moderneKunst, 2002, p. 24.

渠道。特别是，长期的基于网络的项目通常由分散在全球的在线社区进行协调，但也可以跨越各种线上和线下的数字环境和软件应用程序进行协调。数字媒体的这些参与性和关联性影响着网络艺术作品的生产，并增强了公众与之互动的能力。为了介绍网络艺术的可能性和多样性，接下来介绍被称为“Codework”类型的作品的案例研究，即为艺术作品的设计而挪用网络协议和编程语言。“Codework”提供了一个极好的例子，展示了艺术家如何参与和操纵互联网技术。

2001 年，美国诗人、网络空间理论家艾伦·桑德海姆（Alan Sondheim）创造了“codework”这个词，用来描述基于文本的数字艺术，这种艺术出于正常的编码功能之外的原因而挪用计算机编程语言。用桑德海姆的话说，诸如 jodi.org 这样的代码作品网站通过颠覆编程惯例和万维网导航规范，展示了计算机技术如何介入文本。jodi.org 网站是由琼·海姆斯科克与德克·佩斯曼斯二人艺术团体设计。他们的作品通过对语言、符号和图像的讽刺滥用，抵制主流网站的美学。跳动的绿色代码会让用户冒险进入特殊的 URL 入口（wwwwwwwww.jodi.org），作品网站上失去方向的导航，增强了慌恐的体验。jodi.org 网站从策略上利用了错误地使用 HTML 代码所产生的现象：闪烁的页面在浏览器窗口中令人讨厌地跳动，一个故障叠加在另一个故障之上。点击屏幕上的闪烁区域，用户被传送到一个网络艺术体验菜单，其中包括 Betalab。在其中，庞大的代码和其他图形导致用户执行一个伪装成可能的病毒威胁，名为“GOODTIMES.exe”的程序。jodi.org 等基于代码的网站作品利用了编程失误，包括过多的图像、动画和非常规的设计，如不明确的导航原则，死链接等。梅兹·布雷泽（Mez Breeze）是“Codework”类型作品的另一个重要实践者。她是一个澳大利亚多媒体网络艺术家，用过许多别名和网络化身进行创作，包括 Mez 和 netwurker。她的作品中独特的混合型的语言，被她称之为“mezangelle”，是自然英语语言和正规的计算机代码的综合，通过线上和线下作品的相互作用，模糊了真实和数字化之间的区别。她最近出版的代码诗《人类可读的信息》（*Human Readable Messages*）是她自2003年以来用mezanglle语言创作的作品的合集。

网络艺术术语可能很难定义，随着时间的推移，尤其是当那些持续创作的网络艺术家的实践已经超出了他们原来所在的网络领域时，“网络艺术”这一术语变得更加难以定义。然而，中间有一个点的网络艺术，即net.art，以其独特的中心点，已经成为描述早期网络艺术的一个专用的历史术语。这一时期可以追溯到大约从1993年到2000年初。今天，随着移动设备在网络中提供了新的机会，在互联网上工作的艺术家在更大的范围内进行创作。将实体空间与网络空间联系起来的艺术家也是如此，尽管这在早期的网络艺术中已经被实践过。

完全定义网络艺术领域的边界可能是困难的。至少我们可以说，它必须依赖于互联网才能符合这一分类。然而，许多人也会坚持认为它必须存在于浏览器中才能被称为网络艺术，但这再次取决于我们在这里面对的是万维网还是我们关心的是一个更广义的网络（network）概念。

第二节　网络艺术的历史语境

一、交互性、主体性和社区

在2002年发表的《网络艺术的十大神话》（*Ten Myths of Internet Art*）一文中，乔恩·伊波利托（Jon Ippolito）试图消除对互联网艺术在20世纪90年代诞生近十年后的一些误解。网络艺术是在创意艺术中走向民主化实践的运动，包括在艺术家和公众之间公开交流概念和数据。这促进了近20年前推动网络艺术作为数字艺术的一个独特领域的出现。作为古根海姆博物馆的前策展人和一名实践型艺术家，伊波利托对网络艺术出现的观点很有影响力："网络艺术社区的发展几乎完全在画廊、拍卖行和印刷的艺术杂志的范围之外。"[①] 市场经济的本质体现在购买传统艺术品的高昂成本上。画廊从本质上排斥某些观众，包括那些无法前往实体场所或支付入场费的观众。此外，模拟物体的标志性地位意味着艺术的定义与实体作品（如雕塑和绘画）紧密交织在一起。而网络艺术则突破了这些限制。开源平台和自由获取的学术研究激发了实践者的灵感，"发布艺术和批评，没有回报的承诺，但有机会为一种新的艺术创作范式作出贡献"[②]。由伊波利托勾勒的互联网艺术创作范式，继续反映了艺术及其生产过程民主化的行为准则。它让观众参与到正在进行的创作中。

为了从概念上考察伊波利托的观点，马歇尔·麦克卢汉的媒体理论和概念有助于构建网络艺术，尤其是把它看作是一场艺术界的民主运动。事实上，在我们这个媒体饱和的世界里，麦克卢汉 50 年前的许多预测都是非常准确的。他提出的"地球村"概念，先见之明地预示了网络社区及其对网络艺术实践的重要性。20 世纪 60 年代，麦克卢汉开始分析信息和通信新技术所带来的社会变革。麦克卢汉的《理解媒介——论人的延伸》（1964）一书中有一句广为引用的格言："媒介即讯息。"也就是说，"任何媒介（即人的任何延伸）对个人和社会的任何影响，都是由于新的尺度产生的；我们的任何一种延伸（或曰任何一种新的技术），都要在我们的事务中引进一种新的尺度"。换句话说，不同形式的媒体，比如电视、广播、电话、电报、摄影等，在以一种新的方式配置人类的经验，最终促进用户、欣赏者和参与者之间的主体性关系和相互关联。例如，摄影现在已经成为一种全球都在使用的表达性媒介，它与社交媒体社区联系在一起，而不仅仅是摄影师或视觉艺术家在使用。此外，麦克卢汉观察到"任何媒介的'内容'

① Ippolito, J.（2002），"Ten Myths of Internet Art"，Leonardo，35（5）：486.

② 同①.

都是另一种媒介”，这奠定了数据交换的基础，而数据交换是不同形式的互联网艺术的核心。

将网络空间解读为民主环境在很大程度上可以归因于麦克卢汉的主观经验的、反馈的和选择的修辞。对于麦克卢汉来说，“无论下一种媒介是什么——可能是意识的延伸——它都会把电视当作是自己的内容，而不是当作环境。它会把电视转换成一种艺术形式”。这句话预兆着通过一种“艺术形式”所引发的社会变革，即互联网和万维网的出现。值得注意的是，他似乎预言了网络艺术将从电视技术中崛起。互联网已经成为一种基于老式电视设备的、相对较新的互动现象。例如，计算机显示器是电视屏幕的发展。7–11 列表社区是一个实验性网络艺术作品的例子，它通过创造性地应用电子列表 e–list 的惯例来体现麦克卢汉的理念。这个项目，尤其是在最初构思的时候，也模糊了功能性传播门户和概念性艺术作品之间的界限。1997 年，7–11 列表社区由塞尔维亚艺术家武克·科西克（VukCosic）、英国艺术家希斯·邦廷（Heath Bunting）、俄罗斯艺术家阿列克谢·舒尔金（Alexei Shulgin）、德国艺术家乌多·诺尔（Udo Noll）和 jodi.org 创建。这个社区是第一个完全致力于网络艺术实验的国际邮件列表。科西克从 nettime 和 Telepolis 的邮件列表中脱离出来，寻找一个开放的、不受限制的平台来进行实验和嘲讽。

7–11 列表社区最初是对主流展览场所和对 20 世纪 90 年代中期网络艺术场景中的非交互式邮件列表的反映，后来它成为网络艺术实验的虚拟场所。该项目逐渐演变为一个合作式的电子邮件艺术作品。它探索了邮件列表格式的可能性和动态性。7 – 11 列表社区涉及互联网技术的非常规使用，其中的管理工具包括订阅、页眉和页脚变量，以及审核规则，是世界上任何网络冲浪者都有权限去读写的。该项目对新兴通信技术的可接受用途进行了彻底的试验。一个名叫铃木惠子（Keiko Suzuki）的虚拟人物，被认为是虚构的《网络艺术经典》（*Classics of Net.Art*）丛书的作者。其实这都是科西克精心设计的在线恶搞，因为他是邮件列表的调停者，有相应的权限。作为在男性为主导的网络艺术运动中的女性角色，惠子成了网络女权主义的象征。7–11 邮件列表中重要的并不是发表的帖子，而是关于使用这个列表的方式。就像对待其他网络艺术作品一样，重要的并不是关于特定的作品，而是关于新的工作方式。网络艺术家是在做研究，而不是在做开发。换句话说，当他们创造性地重新定义邮件列表和其他平台时，早期的网络艺术家认为他们自己同时是研究艺术、技术和社会的研究者。

除了麦克卢汉，对理解网络艺术非常有帮助的另一个关键理论家是法国哲学家让·鲍德里亚（Jean Baudrillard）。他的开创性专著《拟像与仿真》（*Simulacrum and Simulation*）区分了这两个概念：仿真（simulation）指的是对现实世界中的事物的再现，而拟像（simulacrum）是没有原物的复制品。鲍德里亚突出了“真实”（事物、人、情感、想法等）和“虚拟”（计算机再现、游戏环境、迪士尼乐园体验等）之间的紧张关系。他还提出了在解读艺术作品时，语境（物理环境、政治情绪、艺术趋势等）的重要性。他的著作引发了人们对超现实和仿真主义艺术方法的兴趣，这些方法可以在使用游戏或虚拟现实（VR）平台的艺术作品中找到。随着简单的 Ctrl+C 键和文件复制命令的复制能力，数据挪用技术（即基于使用另一个项目的数据创作新作品）和剽窃已经成为互联网艺术实践的组成部分。鲍德里亚的拟像 – 仿真二进制理念对与远程呈现有关的真实的本质提出了质疑。远程呈现是指借助电信设备在空间之间传输的虚拟体验。换句话说，电信设备，如手机和互联网，有能力把我们带到一个虚拟的地方，而我们却在一个真实的地方保持静止，例如，在键盘后面或拨打手机的地点。

在互联网艺术家的探索下，远程呈现可以被定义为在高度沉浸式的虚拟现实系统中进行中介体验时的一种“在场”的感觉。互动网络装置艺术家爱德华多·卡克（Eduardo Kac）将“远程呈现艺术”（telepresenceart）描述为在“电信、计算机和机器人技术的交叉中产生的一种新的艺术形式”[①]。远程呈现艺术是远程通信艺术发展的产物。远程通信艺术包括20世纪70—80年代的实验性的邮件艺术（mailart）。在邮件艺术中，艺术家使用包括信件和邮箱在内的邮政系统作为观念性艺术作品的基础。远程呈现艺术还可以整合互联网技术，正如埃德·贝内特（Ed Bennett）和卡克的远程呈现艺术作品 *Ornitorrinco in Eden*（1994）所表明的那样。这个作品涉及一系列媒体，包括远程机器人技术、固定电话和移动电话以及视频会议。通过互联网，匿名的参与者可以通过设置在西雅图、芝加哥和列克星敦的远程物理空间来决定他们自己控制的机器人的动作。通过控制名为“Ornitorrinco”的远程机器人的眼睛，选择去看到什么样的内容。当参与者在一个包括磁带和电路板在内的“过时的远程乐园”中漫游时，通过镜子和灯光的使用，他们可以把自己看作就是远程机器人。正如卡克所说，“这个作品提出的主要问题之一是，互联网需要更多地成为一个共享的社会空间，而不是一个信息传递系统”[②]。

在尼古拉斯·伯瑞奥德（Nicolas Bourriaud）的著作《关系美学》（2002）中，作品 *Ornitorrinco in Eden* 是作者在书中提出的艺术和美学概念中的一个突出案例。作者关注的重点是行为主体、集体意义建构和协作式的艺术实践之间的关系。伯瑞奥德通过其著作试图定义20世纪90年代欧洲艺术的独特性，被认为是这一时期许多作品的集体性意图的明确表述。伯瑞奥德概述了一套理解20世纪90年代艺术的新标准，特别是通过他对互联网术语的应用，比如“用户友好性”和“交互性”这样的术语。伯瑞奥德对“关系艺术实践”的定义是：“一种将人类互动及其社会脉络所构成的世界当作理论水平面的艺术，而不限于只是宣称某种自治或私密的象征空间，

① Kac，E.（2005），Telepresence & Bio Art: Networking Humans，Rabbits，and Robots，Ann Arbor，MI: University of Michigan Press.p.127.

② 同①，p. 16.

这种艺术证实了对于现代艺术所操弄的美学、文化与政治目标进行彻底颠覆的可能性。”他的意思是，一件艺术品不是由一个孤立的艺术家创作的，而是由复杂的社会互动产生的。关系艺术的目的是在艺术家的作品创作中，或在观众对作品的接受中，建立字面的或潜在的主体间性相遇，其意义在于人们的共同阐释，而不是来自个体消费的私人空间。由于作品的意义是集体决定的，所以作为网络文化或在线社区的一部分的网络艺术而言，其关系美学的实践取决于无论是虚拟的还是真实的环境和观众。

二、行为表演、偶发和创新

在这一部分，我们将讨论网络艺术的历史，以及影响其出现的重要的艺术历史和社会时刻。伯瑞奥德的关系美学概念帮助我们理解网络艺术如何绕过传统的艺术作品的观点，即艺术作品是“私密的象征空间”中独立和可移动的对象。作为邮件、电脑、视频、电视和远程艺术的产物，网络艺术展示了艺术的参与式和观念性的方法。受到因对第一次世界大战的回应而发生的艺术发展，和反映了一些实验性或先锋派艺术的技术的共同启发，网络艺术家继续挑战着艺术对象的主导地位，以及在一个日益数字化的网络世界中艺术生产的实践。

互联网艺术家关注与观众的交互性、信息网络和数字技术的非传统应用——在他们的作品中运用随机性，同时摆脱主流艺术实践中常见的图像表现模式。互联网艺术家的目标不是以离散的表现形式，比如绘画、照片、雕塑或书籍作为导向，而是以针对用户特定的、开放的和基于技术的创作过程为目标。就这个过程本身而言，被认为是艺术作品，尽管这些作品具有不确定的边界，而且往往永远不会得出一个结论。

网络艺术家倾向于从达达主义的作品中获得灵感。达达主义是1916年在苏黎世发起的一场国际运动，是对第一次世界大战的社会政治气候的回应。马塞尔·杜尚（Marcel Duchamp）被认为是观念艺术的创始人，是网络艺术历史根源中值得注意的人物。杜尚作为一个观念艺术家，达达主义作为他更广泛的艺术历史背景，影响了 20 世纪艺术实践中远离绘画主义的运动。网络艺术的创新者武克·科西克认为，网络艺术家是“杜尚的理想的孩子”，这表明许多数字艺术家至今仍对杜尚的作品怀有深厚的感情。1916 年，杜尚给他的邻居寄了四张毫无意义的明信片（尽管语法上似是而非），这或许是邮件艺术（mailart）的第一次启用。这一运动持续到 20 世纪 70 年代，它使用邮件系统作为媒介。

此外，杜尚的未完成的作品《新娘被她的单身汉剥光了衣服》(*The Bride Stripped Bare by Her Bachelors*)，通常被称为《大玻璃》(1915—1923)，通过对天线和电冷凝器的图形暗示，揭示了杜尚对无线电和无线电报等新兴技术的关注。杜尚时期的其他艺术家也创造性地运用通信技术，为互联网艺术的出现创造了先例。例如，在 1922 年，第一次世界大战后不久，在包豪斯的匈牙利画家和摄影师纳吉（LászlóMoholy-Nagy）创作了第一幅作品《电话》(*Telephone*)，利用电话系统，特别是通过这种新媒介与人交流制作搪瓷砖的方向的问题。

其他影响 20 世纪 90 年代网络艺术发展的重要因素包括：激浪派（Fluxus）、偶发艺术（Happening Art）和 E.A.T.（艺术与技术实验）。激浪派由美国艺术家乔治·马休纳斯（George Maciunas）于 1961 年创造，由一群国际艺术家、诗人和音乐家的行为表演和实验而组成，其中最著名的包括艾伦·卡普罗（Allan Kaprow）、罗伯特·瓦茨（Robert Watts）、乔治·布莱希特（George Brecht）和小野洋子。这些艺术家通过集体的、艺术的、创造性的生产和分配，已经实现了一种基于网络的创造性参与范式。理解激浪派的核心是有关行为表演、过程、游戏、网络文化和公共艺术实践的概念，包括创造性的策略，比如由观众不可预测地执行艺术家的指令。早期的激浪派艺术家广泛地使用邮政系统，特别是明信片和电信媒体，与分散在全球各地的艺术家之间交流思想。行为表演艺术先驱艾伦·卡普罗在激浪派出现前两年就提出了“偶发艺术”一词，指的是特定地点的艺术事件，导致了表演与观众、观众与参与者之间的区别的消失。

另一个对网络艺术产生重要影响的组织是E.A.T.。这个组织成立于1966年，由贝尔实验室的工程师比利·克鲁弗（Billy Kluver）、画家罗伯特·劳森伯格（Robert Rauschenberg）、戏剧艺术家罗伯特·惠特曼（Robert Whitman）和电气工程师弗雷德·瓦尔德豪（Fred Waldhauer）创建。E.A.T.深信艺术家和工程师之间真正平等合作的重要性，这个组织和20世纪60—70年代重要的、有创造性的艺术家合作。他们包括约翰·凯奇（John Cage）、安迪·沃霍尔（Andy Warhol）和贾斯珀·约翰斯（Jasper Johns）等。这样的合作产生了各种各样的艺术作品。E.A.T.项目的一个例子是1970年日本世博会上的百事馆。这个展馆中有一个由工程师和艺术家团队设计的巨大的网格状穹顶，以及由中谷藤子（Fujiko Nakaya）设计的雾雕塑。在20世纪50—60年代，约翰·凯奇的作品特别地涉及互动、偶然和通过电子新形式实现的多媒体的概念。他的无声钢琴作品《4′33″》（1952）证明了这一点。凯奇在钢琴前“安静地”坐了4分33秒，并极大地影响了对过程、互动和行为表演感兴趣的激浪派艺术家。

除了邮件艺术和早期在E.A.T.中出现的电子艺术（electronic art），计算机艺术（computer art）也是网络艺术的先驱之一。它通常被定义为任何在制作、展览和存储过程中使用计算机的艺术。法国艺术家维拉·莫尔纳尔（Vera Molnar），美国计算机艺术家查理斯·苏黎（Charles Csuri）和德国出生的数字艺术家曼弗雷德·莫尔（Manfred Mohr）通常被认为是计算机艺术的先驱。特别值得一提的是，苏黎是第一批开始使用电脑进行创作的职业艺术家之一。他的作品《正弦曲线人》（*sine Curve Man*）是利用算法编程绘制的人脸，在1967年的计算机艺术竞赛中获得了一等奖。该竞赛是1987年成立的著名的Prix Ars Electronica的前身。20世纪60年代后期，第一次计算机艺术展览在美国和德国举行。早期计算机艺术的鼎盛时期恰逢

1968年在MOMA举办的“机械时代末期的机器”展览和同年在伦敦举办的“Cybernetic Serendipity”展览。

在20世纪60年代早期，艺术家如罗伊·阿斯科特（Roy Ascott）开发了以技术为基础的装置，将计算机、视频和卫星及远程信息学理论，或后来统称为ICT（信息和通信技术）结合起来。阿斯科特以开发远程信息技术而闻名。远程信息技术是在地理上分散的个人和机构之间，同时也是人类思维与人工智能和感知系统之间以计算机为媒介的通信网络。计算机和通信技术的远程信息处理结合在阿斯科特的作品 *La Plissure du Texte*（1983）中很明显。这是一项协作式的作品，通过软件ARTEX（一个艺术家之间的电子交换网络）连续12天全天在线，使艺术家能够创造一个集体童话。

网络艺术也离不开视频、卫星和电视艺术的影响。在20世纪70—80年代，视频和有线电视被艺术家们更广泛地使用。在某些情况下这些技术也与传真和卫星技术相结合。这些新兴媒体增强了互动、网络和数据传输的主题。特别是，电视艺术激发了人们对以大众媒体为基础的艺术作品的更广泛的兴趣。像观念艺术一样，这些以媒体为基础的艺术形式对艺术对象（如绘画和雕塑）的主导地位提出了质疑，并引入了不可预测性和偶然性作为创作元素。视频和电视艺术的先例，特别是白南准的作品，促进了网络艺术的发展。白南准的作品《参与电视》（1963）、《磁铁电视》（1965）、《无声电视》（1969）、《出售纽约》（1972）和《电视佛陀》（1974），将电视从商业广播媒体转变为互动的，参与的和概念发现的平台。《参与电视》使观众能够通过外部手段，具体就是通过对着连接在电视上的麦克风说话来创造抽象的电视画面。白南准的作品利用了电视画面的扭曲，并将这种媒介挪用于艺术目的。这种策略后来成为网络艺术家创作的基础。通过创造性的实践产生的电视信号的失真，有助于激发技术的潜在可能性。

20 世纪 60 年代的电信艺术家使用传真机和卫星来制作全球联网的艺术作品，是互联网艺术在概念上的先驱。20 世纪 70 年代的艺术作品利用了录像技术、视频游戏、电脑特效和卫星技术的发展，展示了这一时期艺术与技术的日益融合。特别是，白南准等人的作品将早期的便携式视频技术呈现给大众。在他的作品《电视佛陀》中，一尊 18 世纪的佛像被放置在桌子上，通过闭路摄像机“观看”在电视机上播放的自己的图像：佛像坐在那里，在既是流动的也是冻结的时间里，沉思它自己作为观众在沉思冥想中思考自己。此外，在 20 世纪 70 年代后期，雪莉·拉宾诺维茨（Sherrie Rabinowitz）和基特·盖洛韦（Kit Galloway）制作了《卫星艺术项目》（1977），利用卫星和电视设计了一个舞蹈作品。他们的项目《电子咖啡馆》（1984）被描述为“远程协作”，将艺术、发布与传播整合在一起。

这些艺术家和作品为网络艺术的诞生提供了基础。网络艺术被认为是艺术现代主义、先锋派和新兴媒体平台的混合体。20 世纪 70 年代它激发了人们对基于信息网络的后工业经济的兴趣。互联网艺术的历史可以继续追溯，直至 19 世纪末 20 世纪初电话等通信技术的发展。纳吉的电话作品，凯奇对收音机的使用和约翰逊的邮件艺术，以及媒体技术在视频、电视、卫星和控制论艺术（cybernetic art）中的首次应用，引起人们关注新技术对人类经验和创造性生产的潜在影响。20 世纪 80 年代末，蒂姆·伯纳斯－李（Tim Berners-Lee）提出万维网是一个全球性的、后工业时代的超文本实验。20 世纪 90 年代中期，国际化的艺术家开始在 nettime 的名单列表上会面，以探索万维网作为艺术媒介和合作机制的潜力。20 世纪 90 年代后期，关键的网络艺术展览出现在“documenta X”（1997）和“net Condition”（1999）这两个重要的展览中。在这些年里，德国媒体评论家蒂尔曼·鲍姆盖特尔写了第一批关于网络艺术的评论，包括《网络艺术的新材料》（*New Materials Towards Net. Art*），使网络艺术受到更多的关注。

三、浏览、编码和网络

技术的发展促进网络艺术成熟并成为一种全球现象。随着互联网技术的进一步发展，“网络艺术”首先被批评家引入艺术界的视野，如德国艺术家皮特·舒尔茨（Pit Schultz）。武克·科西克是网络艺术的先驱，他在1994年采用万维网作为媒介，并设计了“网络艺术”这个术语来描述这个新兴艺术家群体的实践。他的早期作品可与雷·约翰逊（Ray Johnson）的邮件艺术相媲美。他把图片寄给其他艺术家和他在网络上的联系人，但后来他开始开发基于万维网络的项目。作为他的第一个创举，作品《网络艺术自身》（*Net. Art Per Se*）戏仿了美国有线新闻网CNN的网站，以纪念1996年在意大利的里雅斯特举行的一次有网络艺术家和评论家参加的会议“网络艺术自身”①。《网络艺术自身》反映了这场运动的许多典型特征，包括戏仿、对大众媒体技术的怀疑以及对网络协议的挪用。事实上，“网络艺术”（net.art）一词是由科西克在一封混乱的电子邮件中偶然发现的，邮件中包含了无法破译的ASCII代码，这是计算机用来将英文字符翻译成一系列数字的代码。

因此，网络艺术的历史是一个行为表演、偶然和创新的历史。网络艺术与以媒体为基础的艺术先驱有着不解的渊源，它鼓动了观众、艺术家和网络社区之间的思想传播。与它的媒体艺术先驱一样，网络艺术是在画廊、印刷为基础的艺术杂志和拍卖行的传统赞助之外发展起来的。互联网作为一种技术和社会文化机制，使得将观众的反馈引入网络艺术作品成为可能。因此，除了艺术的历史影响之外，催生网络艺术的必然有技术创新，包括图形化网络浏览、编程语言的发展和社交媒体平台的兴起。事实上，网络艺术的发展轨迹从其以媒体为基础的先驱开始，与新技术的出现有着内在的联系。

① http: //www.ljudmila.org/naps/home.htm.［2022-12-02］.

第二次世界大战后，计算和信息系统的发展为先锋艺术实践提供了背景。20 世纪 50 年代，多媒体实验和观众参与成为 20 世纪末互联网艺术实践的方法学先例。1969 年，冷战时期所提议的阿帕网（ARPANET）上线，后于 1989 年退役。作为今天互联网的前身，阿帕网是由美国国防部高级研究计划局创建的一个超级计算机网络。它包括电子邮件的早期版本。它允许不同地方的研究人员相互交流，并创建了一个信息网络，如果其中任何一部分被摧毁，这个网络仍然可以存活。美国通信网络的中断是冷战时期政府所关注的一个重大问题。20 世纪 80 年代硬件和软件的进一步发展导致了 90 年代初的万维网的出现。

网络艺术出现的主要技术因素之一是用户友好界面的发展，特别是在 1994—1996 年间。图形用户界面（GUI）结合了文字和图形，以方便使用软件浏览互联网。相反，非图形用户界面的浏览器，如 Lynx，是纯文本的。从那时起到现在流行的图形化网络浏览器包括 Netscape Navigator、Internet Explorer、Mozilla Firefox 和谷歌 Chrome 等。然而，Mosaic 是这些浏览器的重要前身。Mosaic 最初是由伊利诺伊大学在 1993 年发布的，它是同类浏览器中第一个方便在单个页面上排列图像和文本的浏览器。随着网络浏览器的普及，公众开始将互联网称为“web”。当这些用户友好的图形浏览器在 20 世纪 90 年代中期面世时，许多艺术家非常兴奋地开始利用这项技术，并以“网络艺术”的名义创作了作品。艺术家们已经将互联网作为一种存储、分发和访问数字信息的手段，一种社会空间，一种媒介和展览场所的合二为一。

受到自由软件运动的激励，在 1997 年，艺术评论家马修·富勒、艺术家西蒙·波普和程序员科林·格林，以 I/O/D 为艺术团体的名称开始工作，为艺术家设计一个网络浏览器。这款浏览器最终被称为“网络跟踪者”（Web Stalker），是当时流行的主流浏览器 Netscape Navigator 和 Internet Explorer 的替代品。这两个主流浏览器都是为企业服务而非为审美目的而设计的。“网络跟踪者”新的图形界面通过网络邻居突出了网站之间的关系，允许用户以不同的方式可视化和访问网络内容。“网络跟踪者”利用了互联网的潜在结构，当用户打开一个网址，然后看着这款浏览器显示出那个网址的 HTML 源代码。在一个并行窗口中，Web Stalker 详尽地映射从该 URL 链接的每个页面，指数级地扩大扫描页面组，最终将一组完整的互链页面推送给用户。这些页面被映射成一种深刻的、复杂的超文本关系。“网络跟踪者”是互联网艺术家与程序员合作进行技术创新的一个案例。

计算机编程语言的发展也促进了网络艺术的出现。在许多方面，互联网艺术与编程语言的发展是并行的，包括纯文本标记的 HTML、Macromedia 语言、Javascript、Java、Perl 和 PHP。1989 年，在瑞士 CERN 工作的英国科学家蒂姆·伯纳斯－李制定了超文本标记语言，即 HTML，使用户能够通过互联网进行交流和交换信息。更具体地说，HTML 使文本和图像可以通过适当的软件显示，并允许在文档之间创建链接。在 1995 年到 2000 年之间，网络艺术场景将希斯·邦廷、俄罗斯艺术家阿列克谢·舒尔金和俄罗斯裔欧洲艺术家奥利娅·利亚丽娜联系在一起，用基于浏览器的语言编码（如 HTML 和 Javascript），以实现更复杂的过程，如那些涉及算法的作品。然而，简简单单的文字格式是这一时期项目的特点，作品 https://wwwwwwwww.jodi.org/[①] 突出了这一特点。

网络艺术涉及的又一个领域是社交网络平台、手机和游戏技术，如 App、全球定位系统（GPS）软件、增强现实、虚拟空间和包括 HTML5 在内的程序语言的进步。这种令人兴奋的艺术和技术的新方向反映了互联网艺术与新兴技术的持续融合。通过这些整合，网络艺术和其他形式的数字艺术之间的界限越来越模糊。例如，约书亚·戴维斯（Joshua Davis）是一名美国设计师和数字艺术家，以使用新兴的互联网应用程序和编写新奇的

① https: //wwwwwwwww.jodi.org/.[2022-12-02].

代码而闻名。受美国抽象表现主义画家杰克逊·波洛克（Jackson Pollock）的影响，戴维斯被认为是基于 Flash 的艺术的先驱，他在 2002 年出版的著作 *Flash to the Core: An Interactive Sketchbook* 一书中概述了这一观点。在当时，Adobe Flash 或 Macromedia Flash 是用于在互联网上创建图形和动画的主流多媒体软件。然而，他在具有互动性、协作性的艺术网站“The Endless Mural”[①] 中使用了 HTML5 语言，这是当代数字艺术家使用新颖互联网技术创作参与式艺术的一个案例。该作品使用户可以轻松地参与创作艺术作品。这个作品作为一个正在进行的在线公共壁画的一部分。作为蒂姆·伯纳斯 – 李 1989 年原创 HTML 的第 5 版，HTML5 更充分地整合了多媒体，提高了用户的可读性。作为第一个使用 HTML5 的在线艺术项目之一，“The Endless Mural”创造了一个基于手势的界面环境（指向，点击或在页面上滑动），其中随机选择的主题被映射到由用户绘制的图案中。图片和源代码是可下载的，突出了今天主导互联网的万维网环境的可定制特性。戴维斯的作品为互联网在艺术的可参与化方面的潜力提供了又一个案例。

网络艺术作品既不局限于博物馆或画廊的位置，也不局限于互联网本身。网络艺术包含了观念艺术、参与性艺术和行为艺术的元素，在许多技术平台、理论立场和网络环境之间交叉。事实上，互联网本身已经远远超越了其形成时期的网络，互联网艺术就是这一点的证明。艺术家们利用互联网的方式揭示了技术所隐藏的潜力，不断地重新定义人类与计算机、机器人和数字发明之间的关系。然而，互联网艺术的民主化潜力对数字艺术品本身的保护提出了挑战。1999 年，古根海姆博物馆发起了“可变媒体倡议”，旨在保护行为表演性的和基于媒体的作品。一旦一个作品原有的媒体被废弃不用时，该项目允许将艺术作品转换为不同的媒体。比如白南准的《电视花园》（*TV Garden*）在内，还有许多其他作品。因此，当网络艺术

① https: //joshuadavis.com/the-Endless-Mural.[2022-12-02].

通过增强主体性、交互性、协作和线上－线下的流动重新定义当今世界的艺术创作时，用来保持其活力的保护方法本身也有助于重新定义博物馆的实践。

第三节　万维网之前的网络艺术

正如我们今天所看到的，网络艺术的概念与网络艺术的起源形成了强烈的对比。这一节将主要介绍第一代网络艺术家，他们是在互联网诞生之初，万维网建立之前，在这一特定条件下工作的。那时的网络艺术因此形成了特定的亚文化。

从 1990 年初到 1994 年是万维网建立的时期。这一事件极大地影响了艺术家创作的方法和网络艺术的本质。网络艺术的一种特定形式在这一时期是非常典型的。它的独特之处在于它的社会性和传播性方面，以及艺术家从外界和艺术背景中自我诠释和自我决定的形式上具有独特性；这可以在世界范围内的先锋艺术运动的语境下去理解。

一、早期网络艺术的特点

早期的网络艺术是一个由内部人士组成的小圈子的领域，他们对新媒体的共同迷恋，特别是对其传播的可能性的迷恋，使他们联系在一起。它的活动的一个基本要素是绝对自治，无论是在体制上还是在技术上。在万维网开始之前，它是在自己的系统上运作的，因此艺术家们的活动不受管制，也不需要符合技术标准和协议。

就其本质而言，网络艺术不受到任何地理边界的限制。由于互联网的存在，地理和文化上都距离非常遥远的参与者可以相互交流，并在项目上进行合作。过去，艺术家们无法在各大洲之间实现实时交流，但现在，具有全球特征的小型封闭团体开始出现。在这些团体中，由于有了互联网，地理和国家界限开始变得模糊，他们的通用交流语言是英语。然而，还存在着另一个更重要的交流工具，即计算机编程语言。许多项目只有那些懂得源代码和“计算机语言”的人才能理解，因此这些人能够在文字符号的荒野中揭示出隐藏的意义、艺术双关语、诗歌、寓言等。即重要的不是语言自身所传递的意义，而是它在图形形式上的美，它呈现在屏幕上的视觉外观。有些项目就是基于这种语言美学而创作。

20世纪90年代初，即使是那些原本从事传统制度化艺术创作的艺术家也进入了网络空间，画廊策展人多年来一直在徒劳地寻找他们。需要指出的是，在万维网出现之前，互联网主要是为学术和军事领域服务的，只有很小一部分是留给电脑迷和黑客的。艺术家的社会团体是由某个人主动发起创建的，具有现实生活中相互认识的人组成的封闭社区的特征。即使他们后来在互联网上相识，也不是为了获得联系和创建我们今天所知的互联网社交网络，而是为了将当时现有的网络扩展到互联网上。这种过渡被认为是平稳的，因为艺术家们已经通过实时技术手段试验了新技术，比如电视、传真和电话，集体作者身份和互动表演。现在，在检验新媒体的潜力和局限性的愿望的驱使下，艺术家们踏上了未知的领域。这是他们从道听途说中所知道的领域，被称为网络空间的神秘空间。

早期的项目具有行为表演的性质，艺术作品没有任何物质性的输出，它可以通过中介传递给第三方，即不直接参与项目的人，但是交流行为本身是集体性的，而且作者可以保持匿名。这是社区性的艺术。这就是先驱，即艺术框架的发起人，和我们现在所看到的第二代网络艺术家之间的本质区别。前者通常原本不打算创造任何艺术，事实上，他们在这方面相当怀疑他们所创造的是否是新的艺术类型；而后者已经利用了互联网及其创新美学的形式和技术潜力，某种程度上是更加个人化的艺术形式，有特定的艺术作品，比如个体艺术家创作的作品。这些作品可以经历时间的考验，可以在封闭的社区之外被接受，甚至可以在画廊空间中展出。

相比之下，小型先锋团体内部的活动不为公众所知，不为画廊老板和其他艺术家所理解，也不为学术界所重视。此外，这些活动不能转移给观众。而对于网络艺术而言，参与性和互动性的行为绝对是至关重要的。单个项目的社会文化性质比艺术性质更为突出，其成果是持续数年的有组织的基础设施，即艺术社区的建设。例如，最著名的项目是基于自治社区的“The Thing”①。传播行为及其参与者的关系被视为艺术，这一事实在历史语境下是合理的。许多当代艺术已经远离了其对象。如果对象被完全移除，那么剩下的就是参与者之间的关系。这是一种新的共存关系，起源于英国艺术家和理论家罗伊·阿斯科特，并被他称为“行星联谊会”。

二、先锋派运动语境下的网络先驱：先锋派作为一种亚文化

两代互联网艺术家之间的差异不仅在于他们在互联网上创作艺术的一般方法，而更重要在于他们的自我解释、艺术家之间的相互关系以及他们与外部世界的独立性。从这个意义上说，网络先驱们具有纯粹的先锋派运动的特征。事实上，有些媒体艺术理论学者甚至认为他们是最后的先锋派。

有几种方法来定义先锋派，就像先锋派运动的生命中有几个阶段一样。在艺术世界中，先锋派在某种程度上代表了一种亚文化，它以其自身对艺术和当前的艺术潮流的方式和态度为特征。“先锋派”一词源于 18 世纪的法国军事术语“avantgarde”，其直译为“军队的先锋”。先锋派艺术家真正走在时代的前面，他们预见到未来的发展；与此同时，他们将自己与艺术和文化的现状划清界限，并对其进行批判性的反思。

一场艺术运动是否被认为是与其艺术作品所传达的内容相关的先锋派运动，只要其满足以下任何要求即可：其艺术作品“1）重新定义了艺术惯

① http: //the.thing.net/about/about.html.[2022-12-02].

例；2）使用了新的艺术工具或技巧，例如杰克逊·波洛克不使用画架的做法；3）重新定义了艺术品的属性，包括那些可以被视为艺术作品的物品的范围”。此外，关于该运动的艺术作品所传达的社会内容，如果能满足以下一些要求，也可以被视为是先锋派：“1）作品中具有批判或不同于主流文化的社会或政治方面的价值观，例如施瓦茨呼应了马尔库塞，认为先锋派的一个可能角色是，提供一种对抗文化的力量和‘文化批评’；艺术家哈内认为，艺术作品能够‘发现那些限定了文化想象的视觉隐喻’；2）重新界定了高雅文化和通俗文化的关系，例如艺术家使用广告和连环画图像；以及3）批判艺术体制，后者的典型表现是达达主义者对艺术合法性的攻击。”最后，有关该运动对艺术作品的生产和发行方式，如果做到以下的任何一点，那就可以被视为是先锋派：“1）借助恰当的批评家、角色模特和受众，重新界定了艺术生产的语境；2）重新界定了生产、展示和发行的组织语境，如对于替代性空间的使用，尝试创造‘不可售卖’的艺术作品；以及3）重新界定了艺术角色的本质，或艺术家参与其他社会结构（如教育、宗教和政治）的广度。”从以上信息可以明显看出，我们可以认为网络先驱的实践是一个先锋运动。这场网络艺术运动的主要特点是将互联网作为一个新发现的、分享和交换思想的交流空间，对消费主义和艺术商业化的批评；网络艺术作为一种普遍可及的、非商品形式的艺术，以及互联网在重塑社会过程中的全球化所带来的乐观主义。

然而，为了将一群艺术家定义为从事与先锋派相关的活动，他们首先必须对彼此作为一个社会群体有一定程度的认识。艺术风格作为一种社会现象，代表了一种致力于审美问题的集体努力。自我意识越明确，他们对艺术活动上述的三个范畴的重新定义，就越可能被艺术界视为先锋派。对于网络艺术，这一要求也得到了满足。此外，当时许多艺术家都有作为“先锋派”的感觉，和觉得自己的时代正在被自己超越的印象。正是作为对那个时代艺术世界的一种特殊的反应，网络艺术家主动将自己与它分离开。

对早期艺术家的采访表明，这种分离是双向的。早期的网络艺术先驱转向了新兴技术。

在转向新技术的过程中，基于以下三个因素，网络先驱们的实践可以被认定为是一个先锋运动，他们在艺术世界框架内的亚文化地位也可以得到确认。

1. 建设独立的、部分自主设计的技术基础设施。

2. 形成一个自组织的、网络化的社区，并集体设计和测试一种相应的话语模式。

3. 发展一种特定于网络的艺术形式，以一种实验性的、自我反思的方式探索媒介的潜力。

正如在 1995 年之前的网络艺术家的案例中所观察到的那样，这三个因素之间密切联系。单个项目的作者身份和参与者的社会互动方式在一定程度上会有所不同。这在 1995 年后最为明显。当时一种新的用户界面被建立起来，这导致了商业化、标准化和互联网用户的快速增长这一事实。以前公众无法接近的互联网媒介，通过万维网的用户友好界面，已经成为所有人的大众媒介——这极大地影响了互联网艺术的社区精神。20 世纪 90 年代后半期，互联网的接入逐渐商品化后，基于网络的艺术不再需要运营自己的技术基础设施，因此，自主社区的理念逐渐衰落。

一些网络艺术项目转移到了万维网上，一些则消失了。一些项目仍在继续进行，但与此同时，它们与作为艺术的自我诠释拉开了距离。大量的参与者使得像以前那样对网络艺术的参与方式，即只有一小群参与者的合作方式，成为不可能。这逐渐导致了网络艺术的转变，通过第二代网络艺术家的作品，它转变成今天我们所知道的网络艺术。可以说，在 1995 年以后才是术语网络艺术所指示的艺术类型的起源。

将网络艺术家划分为概念上的几代，并没有约定俗成的惯例，不同的学者有不同的划分。在本书中，第一代艺术家是指在互联网出现之后，在万维网出现之前进行互联网艺术实践的先驱艺术家们。而在其他学者，比如意大利艺术评论家和策展人多梅尼科·夸兰塔（Domenico Quaranta）的概念中，第一代艺术家被认为是在万维网时代进行创作的网络艺术家，在Web 2.0时代进行创作的艺术家则是第二代艺术家。

第四节　网络艺术的传奇

在网络艺术的发展历史中，net.art代表了一种存在于1994年至1999年间的带有激进主义倾向的独特的艺术运动。net.art与网络艺术既不等同也不对立——许多艺术家在同一个时代创作了特定于网络的艺术作品，但与net.art并没有多少关系。这场运动的核心人物是俄罗斯裔欧洲艺术家奥莉亚·利亚利娜（Olia Lialina）、阿列克谢·舒尔金、英国艺术家和活动家希斯·邦廷、塞尔维亚艺术家武克·科西克和荷兰－比利时二人艺术团体Jodi。和艺术历史上的一些运动不同，net.art并没有一个明确的艺术家名单或应该有的满足这个运动的正式要求。这一运动并没有一套系统的原则，而是由一群松散的互联网艺术家和理论家组成。他们紧密合作，将自己置于网络艺术的旗帜下，尽管他们的工作本质上是不同的。这些艺术家的特点是采用特定的技术方法，对网络所提供的美学、语言和互动可能性进行研究，对策展问题以及对反体制的艺术创作政策的讨论。后者是为了避免对真正的网络艺术的形式进行过度的理论推测，因而故意模糊其起源日期，并与神话的语言和发展相矛盾。这一行为使得历史学家研究网络艺术起源的工作变得困难。

net.art这个术语是由塞尔维亚艺术家武克·科西克于1995年提出的。它当时是由一个偶然的软件错误产生而被发现，对于互联网上已经存在的艺术和交流活动来说，它似乎是一个理想的标签。它不仅是自我定义的，而且是自我嘲讽的。在英语中，单词“art”在术语“net.art“中的作用类似于文件格式扩展名，如 .txt，.pdf，.doc 等。它同时又令人困惑。net.art 与类似的术语，比如视频艺术（英语是 Video Art）等术语的相似之处是表示被其所使用的媒介而定义的艺术实践，这导致了一个小小的词源混淆。尽管网络艺术家使用互联网或万维网作为媒介进行实验，但互联网或万维网主要代表的是网络艺术发生的地点。互联网不仅是一个创造性的工具，一个技术意义上的媒介和物质，而且是一个必要的条件，一个话题和一种表达方式。俄罗斯艺术家阿列克谢·舒尔金和娜塔莉·布克钦（Natalie Bookchin）在 1999 年撰写的《网络艺术介绍》（1994—1999）是网络艺术历史上的一个重要文本，其重点文字被德国艺术家二人团队约阿希姆·布兰克（Joachim Blank）和卡尔 – 海因茨·杰隆（Karl–Heinz Jerone）雕刻在大理石上，参加了 1999 年的“netcondition”展览，并成为网络艺术的第一批实物作品之一。《网络艺术介绍》证明了网络艺术在 1999 年的状态，并预测了在接下来的几年中网络艺术在生产、接受和商业化之间的复杂关系，及其经历的几个根本性转变。

互联网邮件列表 nettime 在引入术语 net.art 方面发挥了重要作用。阿列克谢·舒尔金在 1997 年 3 月 18 日星期二通过电子邮件列表 nettime 发送的邮件中解释了术语 net.art 的起源①。它既是邮件列表的一个很好的例子，也是历史性文献的复制。在这个邮件列表中艺术家和理论家进行交流，并在其中进行学术讨论。nettime 由荷兰媒体理论家和评论家格特·拉文克（Geert Lovink）和柏林艺术家皮特·舒尔茨于 1995 年创建。作为一个致力于互联网文化和批评的邮件列表，nettime 吸引了人们对互联网上的艺术的关注，并塑造了 net.art 运动。

神话在艺术及其叙事中一直扮演着至关重要的角色。从达·芬奇到杜

① https: //www.nettime.org/Lists–Archives/nettime–l–9703/msg00094.html.[2022–12–02].

尚，从米开朗琪罗到德基里科，等等，所有最伟大的艺术家都有意鼓励在历史学家、叙述者和他们同时代人的积极参与下，围绕他们的身份创造一个具有传奇色彩的上层建筑。他们中只有很少的人能将自己的传奇故事演绎得淋漓尽致：他们往往巧妙地操纵现实，利用自己掌握的传播手段，毫不费力地在所有公共场合展示他们精心构建的个性，同时小心翼翼地保护自己的私生活，用迷惑人的外壳隐藏自己脆弱的真相。

历史上的先锋派运动煞费苦心地完善了神秘化的武器，并子虚乌有地建造了坚固的城堡。想想无政府的达达主义表演者亚瑟·克雷文（Arthur Cravan）和超现实主义者通过书信交流创造的死后传奇人物雅克·瓦谢（Jacques Vache）。这两个人都是有意或无意地利用自身经历，营造围绕着自己或所处的思潮运动的神秘感。先锋派运动因将神话从“天才”的个人层面转移到集体舞台而受到赞誉，赋予传奇叙事一种无懈可击的连贯性。

从这个角度来看，达达主义就是一个恰当的例子。它的叙事结构重叠、交叉和相互矛盾，但它们所掩盖的历史真相至今仍然遥不可及。正是这一点将一群在美学前沿几乎没有贡献的恶作剧者转变成为20世纪最具破坏性的先锋派运动。探索达达主义运动而不关注它围绕自身所创造的传奇性的上层建筑显然是没有意义的。神话传奇是达达主义运动中不可分割的一部分，两者缺一不可。依据德国哲学家瓦尔特·本雅明在《机械复制时代的艺术作品》中的观点，从艺术作品失去“光韵”的那一刻起，传奇的构建就成了一种必然。否则，艺术作品就会变成一件纯粹的产品，没有任何的附加价值。

在整个20世纪，神话论是所有运动的首选策略。这些运动反对使没有光韵的艺术作品合法化的其他机制，如艺术市场和博物馆。奇怪的是，随着创造神话的机器完善了它的策略，它越来越多地转入地下，把我们从达达主义带到了激浪派、情境主义、朋克运动和新主义。与此同时，当代艺术变得越来越平淡无奇，没有能力打造上层建筑。证实这一规则的例外是英国年轻艺术家派。这是由一个才华横溢的广告高管围绕一群疯狂和有想法的年轻人的刻板印象而建立的无力的传奇，只是为了支持精准的财务战略。

所有这些都让我们认识到一个事实，即在20世纪90年代初，当分散在全球各地的一小群艺术家开始用互联网实验时，他们发现自己处于一个塑造新传奇的理想位置。他们完美地利用了这种情况，创造了20世纪最伟大的艺术格局，准确地说就是net.art。

第一批网络艺术家工作在一个可访问的、分布式的媒介中，在那里复制品和原作的概念不再有意义，财产的概念也不存在。他们无法依赖原有的交易和展览的合法化机制。当然，他们对现存的机制早就有了一些保留意见。另外，他们现在有了一种非凡的传播和通信手段，在发送者和接收者之间建立了直接的联系。这种手段使他们能够接触到广泛的公众，他们可以同等轻松地操纵人们、其他媒体和主要的信息载体。互联网是一种鼓励创造虚拟身份的媒介，因为在网络上，没有人知道你是一只狗。这种媒介已经显示出它在孕育传奇方面的潜力。比如，在互联网上非常活跃的一些黑客的真实身份是难以证实的。它使人们能够在网络中工作，赋予一小群开创性的艺术家全球性意义，并使他们的作品产生了前所未有的影响。

因此，今天当我们浏览net.art的历史积淀，也就是浏览诸如nettime、7–11、Rhizome和Syndicate等电子邮件列表和网站的历史通信的档案时，艺术史学者就会有一种仿佛在细读一个英雄时代的感觉。这个时代是由几十位诗人实时讲述的，他们一个个都构建了自己的传奇。这种做法带有一种后现代先锋派运动的讽刺意味，它只是增加了神秘感的程度。这些艺术家是在积极参与激进批评的情况下做到这一点的。这使得试图可靠地重建这些事件的任何人，失去了获得真相的可能。每一封电子邮件，每一篇文章，每一次采访，都只是这个拼图中的一块。

net.art创造并挑战了其自身起源的传说，即它是由一个出了故障的软件自动生成的；讲述了它蹒跚前行的第一步，即1996年5月在里雅斯特举行的会议以及1996年和1997年在伦敦举行的会议。它讲述了自己的故事，逐步地向我们展示了一个便利的预制版本。它预言了自己与艺术界相遇的结果，以及自己早熟的画廊首次亮相。它讲述了自己的死亡，并为自己建造了一个坚不可摧的陵墓，在那里，它的遗体试图化为尘土。只有这样才是确保一个传奇具有持久影响力的唯一途径。

正如我们从达达主义运动中学到的，不一致和矛盾是构成整体传奇的组成部分。阿列克谢·舒尔金宣布net.art已死，同时他继续在创作令人难忘的作品。互联网允许0100101110101101.org这个团体在一系列0和1后面隐藏他们的真实身份，而同时采用一种裸露的明确的开放形式进行创作，如2000年该团体的作品《生命共享计划》(*Life Sharing*)。该作品授予观众对他们的计算机完全的访问权限。

由于这个传奇是一个集体性的创造，很明显不可能确定某个个体的贡献。这里列出几个特别有意义的例子。据称，武克·科西克创造了"net.art"这个词。采用"据称"这个措辞，是因为作为一个达达主义者，他并没有发明这个术语，而是偶然发现了它。他采取了一种杜尚式的态度，这种态度使他从最初的辉煌实验走向了几乎完全的无所作为。这位前考古学家转型成了网络艺术家和媒体考古学家，在发表关于网络艺术的演讲时，与杜尚下棋时创作艺术一样，有着漫不经心的态度。在这种具有讽刺意味的自我历史化的形式中，他是一个优秀的伙伴。阿列克谢·舒尔金将他对网络艺术的定义、他个人的故事、他制定的规则甚至他的未来都写入了网络艺术发展演化的历史，就像是竖起了一座永久的纪念碑一样。

当网络艺术首次进入画廊展出时，奥莉亚·利亚利娜通过在网上建立了她自己的定制博物馆做出了回应。而Jodi，这个网络艺术历史中的第一个神话般的人物，像黑洞一样吸引了成千上万的互联网用户，让他们感到恐惧、兴奋和愉悦，正在研究如何将自己的传奇故事带入现实生活中的画廊和博物馆。而 0100101110101101.org 在一个名为 d-i-n-a 的更广泛的网络的合作下，以引人注目的标题“Influencers”的名义组织各种活动。2003年，在网络艺术出现后不到十年，生活和工作在荷兰阿姆斯特丹的艺术评论家和理论家约瑟芬·博斯玛（Josephine Bosma）已经在一场名为“网络艺术考古学”的展览中谈到了对网络艺术英雄时期的怀旧式的复兴。就像每一个受到尊重的传奇一样，网络艺术也有它的英雄故事：武克·科西克剽窃 documenta X 网站；Etoy 利用数字劫持向世界展示自己；科妮莉亚·索尔夫兰（Cornelia Sollfrank）成功地完成了一个惊人的表演，她凭空创造了 200 多名女性网络艺术家，设法成功地愚弄了一个第一批尝试与网络艺术打交道的机构；在“玩具战争”中，网络艺术团体 Etoy 在与网上玩具 eToys 有限公司争夺域名的诉讼中获胜；0100101110101101.org 在几个月内通过一系列娴熟的盗窃行为吸引了国际性的关注，从而成了网络艺术中的雌雄大盗。同样值得注意的是网络艺术作品 *The Yes Men* 和 *Vote Auction*，它们因对社会的介入而被当时的主流媒体报道。

那么，net.art 是否如阿列克谢·舒尔金所说的死了吗？显然不是。它的死亡，就像它的出生一样，是传奇的一部分。而现实是非常不同的，没有一种运动是出生后就死亡。在互联网上，媒体和新技术的实验不断振荡，从 20 世纪下半叶一直延续至今。这是一个由孤立的个体经验、关键的相遇和一系列网络事件组成的过程，伴随着与传统艺术体制的争斗，也有顺应市场力量的时候。网络艺术的传奇代表了伟大的、无可争议的杰作。

第四章 网络艺术、技术和关系美学

如果说网络艺术是难以理解的，部分原因是他们的原创性和相关性没有被察觉。这一章将着眼于网络艺术家与社会的关系，以及他们在艺术史上的地位。这可以说明这种当代艺术形式的一些重要特征。首先，有意思的是，20世纪早期先锋派，特别是达达主义运动的目标，是将社会生活与艺术相结合。这也是早期互联网艺术的动力所在。包括电脑、互联网、黑客行为等技术，在其中扮演着非常重要的角色，这意味着先锋派的策略有可能传播到更广泛的公众。其次，应用当代艺术理论，即被称为“关系美学”的主要观点，从人际关系和小规模社会网络的角度考虑当代艺术实践。最后，我们质疑将网络艺术作为关系艺术案例的可能性。

第一节　先锋策略与互联网

看看达达主义运动的策略和早期网络艺术之间的一些意想不到的相似之处是很有意思的。20世纪早期，达达主义运动背后的驱动力是将艺术重新整合到生活实践中去。资产阶级对美的理想被一种更社会化的、人人都能理解和喜爱的艺术的理想所取代。达达主义运用随机、非理性和荒谬来回应基于比率的技术所带来的灾难性后果，即第一次世界大战。达达主义者所使用的随机、音频和图像交互、照片拼贴和电影拼贴、协作式网络等方法，已经完全融入当前的互联网工作机制中。达达主义者反对既定的艺术机构，如杜尚的小便池作品；反对传统的美的理想，如在作品中使用日常用品；破坏艺术界的偶像，如杜尚版本的《蒙娜丽莎》。现在要由观者来赋予艺术作品意义，而艺术作品不再是意义的权威来源。达达主义者想要震撼观众，从他们的集体自满中唤醒他们。在达达主义者的行为表演中，观众被迫做出反应。在早期达达主义者的行为表演中很常见的口头侮辱和暴力，标志着观众向参与型受众的转变。类似的参与和互动的呼吁在今天的互联网上仍然存在，伴随着与用户互动的可能性。

当今互联网的发展主要以 Web 2.0 的发展为代表。Web 2.0 的特点是大量基于新的软、硬件技术的新应用。这个版本的万维网不同于 Web 1.0，因为早期的 Web 技术主要基于单向通信。它的状态更像图书馆，也就是说，通过包含“只读”材料的网站实现单向的信息流动。与 Web 1.0 相反，Web 2.0 促进了网络上的通信、安全信息共享和协作。正如我们今天所知道的那样，它已经完全融入了用户的生活，充满了用户生成的内容，并已成为一种社交媒体。网络作为展示材料（视频、照片、文本……）的平台，用于交换数据和信息，以及进行大规模协作。

乍一看，Web 2.0 似乎提供了达达主义者正在寻找的平台，即一个独立于现有体制机构的地点，在那里自由交换艺术作品是可能的。然而，如果我们仔细观察，就会发现互联网及其技术被全球关注和直接的经济利益所控制。因此，互联网显然是现状和体制的一部分。然而，互联网也提供了与网络的标准生产和分销渠道保持临界距离的可能性。一个突出的例子是黑客，或者确切地说是激进分子，他们对滥用数字机器的愤怒，与达达主义者对技术在第一次世界大战造成的灾难中所扮演角色的反应明显相似。公众对黑客行为的看法是无动机、无政府和犯罪。这类似于中产阶级最初对达达主义运动的回应。这种相似性可以用一种怀旧的达达病毒来说明。该病毒名为“Dada 1356”，它只会在受到感染的文件后缀附加上“da，da...”。具体的政治动机在黑客的行为中得到了更好的体现，他们为了反对政府对内容的过滤，或抗议其他非常具体的网络问题。

其次，反体制的反应也指向了艺术世界本身。网络艺术家采用达达主义的策略不应该与博物馆或艺术机构有任何关系。这与作为一种艺术形式的网络有关，与实现和创造替代性的艺术社区和空间有关。因此，我们首先看看职业艺术家的立场，扎根于上述语境的艺术形式有什么特点？

第二节　早期与当代网络艺术的策略

起源于 20 世纪 90 年代初的网络艺术，在早期很明显是一种对当权派体制和那些从网络的繁荣发展中获得经济利益的人的反应，他们使用同样的技术来发展自己的艺术作品。像互联网艺术家 Jodi 这样的二人艺术组合就一直在应对不断演变的互联网结构或互联网所缺乏的结构。通过对导航窗口等结构的质疑和对其功能的质疑，Jodi 的作品表明，大多数互联网用户认为“正常”的东西实际上是由微软等公司高度构建和控制的。像 Microsoft Edge 这样的主流图形界面浏览器，是服务于企业和商业用途。尽管它们显示了对用户友好的结构，但在导航时访问的内容非常受控制和限制。Jodi 的作品通过一系列弹出窗口进行干预和使得浏览器崩溃的小程序扰乱了被强加给用户的导航规则。因为早期的网络艺术并没有在通常的艺术机构或画廊展出，所以有时它被定义为地下艺术。但与传统意义上的地下艺术不同的是，任何人都可以通过互联网访问。比如，一旦有人访问 Jodi 的网站，访问者的浏览器就会遭到“攻击”。

另一个反应是利用计算机运行中的错误。“故障”是一个描述软件临时的功能故障的术语，它会导致屏幕上的内容呈现图形式的混乱。一个小故障会显示出数字空间组织形式的隐性的传统。在出现故障的短暂的时刻，计算机并没有像机器那样做出应有的反应，即符合逻辑的和直接的反应。似乎只有在逻辑被破坏的情况下，计算机才具有“创造性”。浏览器艺术和对小故障的利用很好地展示了早期互联网艺术家的创造性干预是如何对使用互联网的主导和支配方式做出回应的。

在当代网络艺术中，网络的运用占主导地位。网络结合了现实生活的社会结构和网络交流的可能性。这些网络在当代互联网艺术实践中被批判性地实施或研究。例如，希斯·邦廷为2003年的“艺术网络”展览创作了《社区信使》(*Community courier*)①。在这个作品中，邦廷绕过了展览举办地的传统邮政网络，提供了一个新的个人快递服务网络。运输和旅程由这位艺术家通过他庞大的网站进行协调。这项服务的主要功能是将准备携带包裹的旅客与有东西需要送去同一个地方的人牵线搭桥。通过广泛的网络，作品被传播到大量的参与者中，他们积极地为这个作品的存在做出贡献。艺术作品的意义是均匀分散的，由于数字网络或社会网络固有的不稳定性，它每天都在演变和变化，或者随着相关人群的消失，它也会消失。

因此，由于网络是日常生活的一部分，艺术作品的意义受到时间和社会语境的影响。当前基于网络使用的互联网艺术本质上依赖于社交网络，并例证了公共生活和互联网艺术之间的亲密交织的可能性。

第三节　网络艺术美学的理论语境

从表面上看，网络艺术的审美主体似乎有点悖谬。传统上源自美术的美感很大程度上取决于表征、想法及其以某种物质形式的实例化，以及对

① http: //irational.org/cgi-bin/courier2/courier2.pl.[2022-12-02].

所使用的这种物质的感觉，所有这些因素之间的相互作用。这在网络艺术中似乎并不存在。此外，正如我们将看到的那样，许多网络艺术显然是反审美的，艺术界用于标记审美关注对象的常规程序在网上不可用，也没有被采用。不过，网络艺术对传统意义的美学的强烈抵制使它成为一个有用的极端测试案例。

“net.art”这个词是用来指互联网艺术中的一个类型，它是在 20 世纪 90 年代中期在网络浏览器发明和广泛使用后不久出现的：它是一种观念明确的艺术，探索了这个新的艺术舞台的可能性，与主流艺术界有着喜忧参半的关系，通常是协作式的，并得到了活跃和有争议的评论的支持。这其中许多是由艺术家自己写的。

并非所有的互联网艺术都是这样的，艺术家们继续在网上创作各种各样的作品——其中一些作品显然是为了引起美学上的响应。许多网络艺术作品玩弄着现代主义的遗产。但作为另一方面的例子，更直接的回应是看看在线商业设计师和艺术家约翰·梅达（John Maeda）的作品[①]。他的作品对马列维奇（Malevich）所描绘的宇宙幻想既是技术上的更新，也是一种理想主义的实现。观众一旦点击这个链接，启动浮动方块的动画，就与作品之间产生了被动的关系，他们会觉得它很美。

审美关注行为几乎可以应用于任何现象，尽管有些情况似乎有利于它。与此同时，这是一件很难确定的事情，尽管我们会看到艺术界鼓励它的策略。在物资极度匮乏的情况下，艺术作品可能被用于明显的工具性目的，比如来自杜尚的挑衅。他曾将伦勃朗的作品以各种形式实现，用在烫衣板上。杜尚在其 1934 年的作品《绿色盒子》的笔记里，提到了“互惠现成品”，“拿出一幅伦勃朗的画，不是观赏它，而是把它单纯地当作熨衣板。

① https: //cdrom.ca/art/2022/06/14/reactive-square.html.[2022-12-02].

在上面熨你的衣服，它就变成了互惠的现成品”[①]。同样地，审美关注也很难被消除：在观念主义的起源之时，杜尚的作品《泉》被一些人以正式的术语描述为一件美丽的对象，以支持它在美国独立艺术家协会的展览，并将其与佛教雕塑相提并论，尽管杜尚在现成品中追求的是“审美冷漠”。

在后来的观念艺术中，如在20世纪60年代创建的艺术合作团体Art & Language的作品*Index*系列中，是坚决反审美和反功能性的作品。它旨在激发阅读，将在索引卡上的数据片段和来自画廊观众的贡献链接起来。它被视为雕塑对象，或至少是观众所相信的行为表演的遗迹。比如我们现在看*Index01*这个作品在展览时，被视为一件古老而珍贵的古董，旁边有着显眼的“请勿触摸”标志，并被画廊保安保护起来。

通过*Index*系列中新的作品，Art & Language抗议了这种作品的命运。通过制作一个漂亮的多色无功能雕塑去模拟索引，与一幅被多次误用而变得荒谬的色情文本画并列，暗示了对作为一个整体的观念主义的反对。色情文本画意味着“年轻的英国艺术家”对观念主义的、粗俗的和自觉的愚蠢滥用。之所以未能促进对话，未能吸引观众，未能与他人合作创作出不断变化的作品，是因为这种情况显然与艺术世界本身的经济状况有关。艺术世界要求出售和收藏独特或稀有的艺术对象。作品*Index*的数据被艺术家以“雕塑”的形式持有，其签名或品牌赋予作品价值，因此自然不允许公众对它进行介入。

如果说在艺术世界中，审美价值与货币价值紧密相连，那是因为艺术世界在大众文化和工具生活中的结构性地位导致的。经济严格地并工具性地按照大型跨国经济体不平等地强加给各国的合约运作；它产生了财富和权力的等级制度；它强迫世界上绝大多数的居民过一种有时间表的、机械

① https://view.inews.qq.com/k/20210922A00V0200?web_channel=wap&openApp=false.[2022-12-02].

的工作、生活，同时通过冒险和连贯的叙事。比如，英雄们通过打破规则让他们的生活变得自由，以及叛逆或爱的激昂的或悲伤的歌曲，用电影般的生活愿景来安慰他们。

艺术似乎置身于工具、官僚化生活及其互补的大众文化之外。它能做到这一点，是因为艺术独特的经济模式，它建立在对机械复制的抵抗上。这种抵抗最明显地体现在艺术家和经销商使用的策略上。他们人为地限制在可复制媒体上制作的作品的生产，包括限量版的书籍、照片、视频或光盘。通过这种抵抗，艺术的文化飞地受到保护，免受粗俗的商业压力，允许自由地使用材料和符号，以及标准化地打破惯例和禁忌。

显然，当代艺术不仅仅试图通过这些手段来确保其产品的审美观。事实上，作为一个范畴的“美学”和艺术界的机构经常在相互关联的攻击中受到挑战，因为对前者连贯性的攻击使后者的构成看起来更像是一个专制的社会授权机构。相比之下，有许多作品努力带来一种神秘的、卑微的、痛苦的“真实”，或其永恒的缺席和崇高的感觉。

不过，目前还不清楚这些体验与审美之间的差距有多大。所有这些都被认为是语言之外的、无法改造的感觉，削弱了对对象的认知方法，并产生了可能是对象或观察思维的一些基本性质。他们经常支持的理论是神秘的柏格森主义的更新。柏格森主义批判理智，宣扬直觉，支撑了 20 世纪早期现代主义的各个方面。因为所有这些都与自我意识和自我实现有关，它们离至高无上的个体的发展并不遥远，至少某些版本的美学预设是这样的。它们之间的连续性体现在艺术机构的适应能力上，这些艺术机构有效地适应了新的市场条件，但保留了其作为庆祝和神秘化的传播者的基本功能。它们所提供的东西与一般的工具性的生活和大众文化的叙事安慰是严格分开的。

我们熟悉这种受到鼓励的体验方式，包括对作品的审美态度：作品的装裱和框架，无论是字面上的还是隐喻上的，都将其标记为一个独立的经验领域。画廊和博物馆也强调其自身的独立性，带有建筑学的戏剧性和权威性，使我们去一个独特的地方与独特的对象交流。这些对象，指艺术作品，除了不是批量生产之外，通常都是非常费力地生产出来的，或者使用大量昂贵的材料。从某种程度上说，审美体验与时间和空间的独特性经验，即与瓦尔特·本雅明的“光韵”联系在一起，这种稀有性很重要。观众进一步被宣传性的和迷惑性的文字所包围，关于这些几乎无须赘述。最后，这些作品似乎没有直接的用途，因此与自由的自我实现联系在一起。

此外，你很难不注意到，在过去几年中，关于当代艺术中的美和审美的写作和理论出现了复兴，以及许多作品的生产，除了具有观念维度外，它们看起来真的非常漂亮，甚至试图举办更多关于奇观而非观念的展览。一个例子是美国艺术评论家戴夫·希基（Dave Hickey）策展的，在2001 年举办的圣达非第四届国际双年展。该展的主题为“美丽的世界：迈向重新定义的世界主义”。这是一次试图重塑那些明显具有政治色彩的双年展的展览，并试图通过这样一个展览，让观众惊叹于文化交流的多样性和美丽。那种具有政治色彩的双年展往往会压制唯美主义倾向的作品和艺术家。

20 世纪 90 年代的艺术生产有时被认为是 20 世纪 80 年代华而不实的、壮观的艺术和一些对观念艺术的关注，还有技术的综合体。其结果是将语言的和观念的游戏与视觉上令人印象深刻的对象结合在一起。例如，德国艺术家托比亚斯·雷伯格（Tobias Rehberger）在 2003 年威尼斯双年展上的作品《世界的七个尽头》。这个作品在一个房间里放满了一簇簇的玻璃气球，这些气球发出不同颜色的光，呈现出美丽、缓慢变化效果。气球里的灯光是世界各地当地光照条件的再现，通过互联网传送。这件作品是技术上的成就，并且是壮观的和吸引人的对象，也是想法的表现。

第四节　网络艺术的美学

现在，关于网络艺术的问题是，20世纪90年代的艺术的美学特征几乎不适用。并不是说它不能如此，而是它没有。艺术作品可以在网上、在博物馆或艺术网站上被装裱起来，或通过链接的实践来表现离散性，但网络艺术家往往会反其道而行之。例如，在阿列克谢·舒尔金的作品《WWW艺术奖章》[①]中，在一个页面上有很多链接，这些链接都会将用户引导到其他的网站页面。该作品在这个页面上根据那些被链接的网站页面的艺术魅力而授予它们虚拟奖章。艺术家在这些网站之间"绘制"链接，既是概念层面上也是字面意义上在一个新的画框内呈现它们。被链接的网站中，包括一个看似有着哲学内容的页面，而实际上它是一个美容产品的广告页面。页面上有着一组漂亮但温和的照片并且因"纯真"而被授予奖章。这种在线策展，或者说作为艺术作品的策展，是一种特别纯粹的互联网艺术形式，它以一种独特的方式将已有的数据连接起来，就像它是数据库查询的结果一样。这同样是一种挪用行为，以杜尚的方式，尽管是一种特别微小和模糊的类型，因为没有对象的移动、签名和日期。当然，这也是对艺术机构明显地将作品标记为作品的批评。许多观念传统的特点是努力摆脱审美判断的负担，而舒尔金回应了杜尚关于现成品的评论，即它们应该反映出无论是好的还是坏的品位的完全缺失。

网站可以通过令人印象深刻的设计来区分，就像画廊和博物馆是通过其建筑设计来区分的一样。但同样，网络艺术家倾向于通过将他们的作品放在非艺术网站上，或制作自己的网站，但不将其内容声明为艺术，并确

① http: //www.easylife.org/award/.[2022-12-02].

实使其看起来与艺术网站非常不同，从而导致人们对所看到的在线内容的困惑。希斯·邦廷和其他许多人都把他们的“作品”放在了非艺术网站上，就像涂鸦艺术家在你通常会看到广告的地方写上标签一样。一个众所周知的例子：一个独立的网站混淆了这些期望，并没有自称为艺术，这就是Jodi的快速变化的、视觉上笨拙和低技术的网站。计算机代码被搁置在通常展示奇观的页面上进行意识形态的检查，而有时生成这些页面的编码中包含图片。

与回避这些将艺术标记为分离的手段有关的是对“艺术”这一术语的怀疑。对于邦廷来说，网络艺术尽量不负担太多的历史包袱，很多作品的主题都是关于恶作剧、伪造和重写。因此，如果你说这是一件艺术作品，你马上就暴露了自己与其他网络艺术实践者的不同。同样，这与典型的艺术世界的实践相反。

互联网艺术的“对象”远不是传统的艺术对象。它们不仅可以复制且不会被毁坏，而且几乎可以自由传输。或者说，一旦初始的支出完成，每次传输的边际成本接近于零。当然，廉价可复制的艺术媒体早已存在，但它们广泛传播的尝试却因分销成本而失败。一般来说，当在线作品的代码开放供审查时，作品不仅会被复制，还会被修改。所以艺术家相互借用或“窃取”；武克·科西克谈到了他自己、希斯·邦廷、阿列克谢·舒尔金、奥莉亚·利亚利娜和Jodi实际上是如何拥有相邻的工作室的，就如同1907年在巴黎的毕加索和布拉克一样，这样每个人都可以看到对方在做什么，做出回应，或者进行合作。有人曾试图使在线作品具有排他性，成为独家作品，将其出售或绑定到特定网站并收取访问费用，但他们都同样地失败了，尤其是因为出于政治动机的黑客攻击。

网络艺术对受保护的艺术经济提出了挑战。英国著名历史学家艾瑞克·霍布斯鲍姆（Eric Hobsbawm）在其短篇著作《时代的背后》中令人信服地指出，艺术由于拒绝完全接受可复制性而注定了自身的文化边缘化。

虽然文学、音乐和电影可以工业化地被复制并广泛拥有，但艺术一直坚持手工制作和古老的赞助制度。艺术世界处于一种类似于长期沉沦于静态农业活动中的经济境地，它发现自己有机会不必经历导致第一批工业化国家走向现代性的阶段，而是直接跨越这些阶段进入现在。在这样一个经济体系中，古旧和现代的元素以最强烈的对比相互毗连，而这些对比可能会促成对整个体系的激进的总体化思考。

艺术世界与网络艺术的话语是截然不同的。在每一种情况下，对话的默认位置都发生了转换。在网络世界中，你和每个人都交谈，除非他们给你一个很好的理由不这样做；在画廊的世界里，只有当你知道他们是谁并且想要什么的时候，你才会和他们说话。nettime 等电子邮件列表提供了讨论艺术、文化、新媒体、政治及其交叉部分的场所。虽然有时激烈的争论可能会在那里爆发，但它们也形成了一个集体项目，由个人用作品或文字做出贡献，类似于自由软件运动中个体所奉献的时间、创造力和劳动。这样的讨论和展览论坛是开放的、有争议的、民主的和平等的，并允许人们一窥建立起来的文化，与其说是靠名人效应传播，不如说是靠平等的对话。

所以，考虑到这些差异，让我们看看一些对比鲜明的网络艺术例子，来感受一下美学在其中所扮演的角色。

在作品*formart*中，阿列克谢·舒尔金从界面的标准组件中提炼出了形式化、现代主义的图案，以高度自觉的方式将现代主义与新的网络领域的外观联系起来。这是格林伯格艺术和挪用艺术之间有意的可怕的交叉，其中预先存在的界面元素被视为媒介的基本元素。前述提到当代艺术中对视觉美的重新关注，相比之下，这个网站上的一些作品在视觉上非常可怕。这里的悖论与摄影形式主义的悖论非常相似：关注媒介的内在品质没有像绘画那样导致绘画走向平面性、颜色和纹理的形式品质，而是更尖锐地关注世界本身——对摄影来说，是物理的世界，对网络艺术来说，是虚拟的世界；同时对两者而言，是社会责任。

这种艺术最基本的特点是它呈现的对象是数据，可以被认为是各种数据库的形式。许多作品使用了这种熟悉的数据库外观。装置艺术家安东尼奥·蒙塔斯（Antonio Muntadas）的《档案室》（*The File Room*）于 1994 年 5 月上线，是首批网络作品之一。这是一个广泛的世界范围内的文化审查档案，最初由一组研究人员编撰，但后来由公众添加，涵盖了新旧事件，从墨西哥画家迭戈·里维拉（Diego Rivera）与洛克菲勒中心就他对列宁的描绘所发生的争执，到宗教右翼对美国国家艺术基金会的攻击，等等。这是一个协作式网站，用户可以在艺术家所建立的框架内提供信息。自然，互联网本身的审查很快就受到了关注。比如，美国在线（AOL）的订阅者撰文称，该公司删除了他们认为粗俗或色情的帖子。除了继续在网上展示，《档案室》还于 1994 年在芝加哥文化中心作为装置作品展出。

在它的实体形式上，蒙塔斯的作品《档案室》接近于许多建立物理数据库的观念艺术项目，包括卡片索引系统，比如 Art & Language 的 *Index* 系列作品。然而，尽管这些艺术作品因为有了物质的形式而适合于画廊展示，而且无论其作者的意图是什么，它往往会被视为是完整的形式，在美术馆中受到尊重而不是被使用。但这与在网络上以去物质化的形式提供的信息并不相同。从孤立的艺术对象的美学中脱离出来，并转向一种由观念艺术开始的话语过程的艺术转变，可以在网络上完成。材料的临时性、不断变化的特性对于网络来说被视为是理所当然的。历史上，艺术家在特定的媒体中制造出独特的对象，其界面和内容是不可分割的。在观念艺术吸收同化其他类型的艺术的过程中，我们可以说，随着时间的推移，界面和内容凝结在一起。在新媒体艺术中，作品的内容和界面是分离的。新媒体的作品可以被理解为在构建数据库的界面。

RTMark.com 是一个反消费主义的活动团体，其宣称的目标是要颠覆所谓保护美国企业的“企业盾”。他们的作品展示了一种融合激进政治和文化激进主义的综合模式。他们通过文化手段来追求政治目的，这种政治—文化融合的形式不仅在网上可以找到，而且与反资本主义抗议者的行动相匹配。他们找到了将类似于行为表演、环保和装置艺术的行动与颠覆实践相结合的方法。RTMark 是作为一个公司成立的，作为一个帮助线上或线下的颠覆行为的信息交换平台，它用公司法来为自己辩护。正如保护自由软件的版权保护协议是被黑客攻击篡改的版权法一样，RTMark 是一家利用公司法保护自己去反对资本主义的公司。

虽然他们的许多线下活动是通过网络组织的，但 RTMark 也会进行在线干预，特别是使用模仿官方组织风格但页面内容激进的恶搞网站。RTMark 的作品 *WTO* 网页提供了以维护剥削制度的有关全球贸易管理的直白信息。这个作品使用了 WTO 组织的旧名称 GATT。在美国总统选举期间，他们对专门介绍乔治·布什的一个网站做了同样的事情。当时，这两个网站都面临着法律诉讼的威胁。2001 年 11 月，世贸组织向给作品 GATT 提供服务器的组织施压，要求其从服务器上删除该网站。现在这两个网站的域名都已无法访问，从搜索引擎才能看到相关信息。

企业和大众媒体的特征的理论模型是这种行动主义的基础。法国当代著名思想家米歇尔·德·塞托（Michel de Certeau）的著作《日常生活的实践》探索了大众文化中普遍的和激进的滥用。在此基础之上，一些网络理论家，特别是大卫·加西亚（David Garcia）和吉尔特·洛维克（Geert Lovink）提出的“战术媒体”，强调面对快速发展的技术和社会变革的机动性。RTMark 通过自身的实践提出了这个问题。公司具有权力上的灵活性和缺乏集权式的中心管理是会带来代价的。这样的公司就像没有大脑的人。它可能像病毒一样的顽强，但也有病毒一样的智慧：机械的、冷漠的、微小的。

这种观点认为，由于病毒是通过变异来对攻击做出反应，所以一系列持续的小规模攻击，每一次都是针对其前次攻击所带来的新情况而量身定制，因此可以推动真正的变化。具有讽刺意味的是，这种对企业权力的看法，与市场及其产物作为自然力量的保守观点不谋而合。事实上，公司通常是位于大城市中，高度结构化和层级化的实体，并且远非对垂直组织结构无动于衷。公司和国家权力完全有能力协调行动，进行长期的前瞻性规划，并有系统地摧毁他们的对手。事实上，整个新自由主义和后现代主义转向就是证明。

Etoy 是另一个将自己确立为企业的网络艺术团体，通过利用企业的组成部分来创作艺术，就像其他艺术家利用界面元素来创作视觉艺术一样。Etoy 甚至开始发行股票，虽然股票市场不认可，但其价值确实会波动。投资这些股票的人获得的股息不是金钱形式的分红，而是看到 Etoy 创建的文化项目的实现。这种实践会导致什么？有学者称 Etoy 的行为在追求品牌形象，发行供支持者购买的“股票”以及回报他们忠诚度积分等过程中，与企业的商业活动如此相似，以至于无法区分。而 Etoy 建立的目的就是颠覆和批判企业性的行为。因为当艺术卷入市场操纵和法律纠纷时，艺术的自主性就面临风险。这是一种普遍被接受的观点，但坚持艺术的无用性可能显得理由并不充分。因为失败的干预总是可以被解释为观念艺术的实验，但成功的干预必须为政治或法律的目的而离开艺术的领域。正如 Etoy 与在线玩具公司 eToys 之间的那场著名的法律纠纷那样。正是这个有使用价值的问题对美学产生了最直接的影响，至少在传统观念中是如此。一些网络艺术作品已经直接地追求是有使用价值的，而这不应该成为一个令人惊讶的原因。人们常常简单地认为计算仅是一个仿真问题，而数字技术综合了复制和生产。如果说现代主义与对日常生活有深刻影响的大规模生产新技术，如电灯、汽车、飞机等，联系最紧密；而后现代主义与改变了家庭生活的复制新技术联系最为紧密，那么新时代就是通过它们的综合而产生的。为了在网上能够采取有效的行动，就需要获得能在线下世界产生直接影响的权力。

一个典型的例子是美国理论家布雷特·斯塔尔姆（Brett Stalbaum）的

程序作品 *Floodnet*。顾名思义，它通过加载网站的页面使该网站过载，并返回指定的错误信息。例如，在一次支持萨帕塔反对派对墨西哥政府官方网站的攻击中，*Floodnet* 返回“在此服务器上未找到人权”的消息。如果攻击想要成功，许多人必须同时对目标站点运行 Floodnet 程序，通过参与的人数的数量优势获得合法性，就像政治示威一样。斯塔尔姆很清楚，*Floodnet* 除了是一种政治抗议的工具外，还是一个艺术作品。它是一种协作式的、激进性的和观念性的网络艺术作品。

正如我们所看到的，当代艺术定位于工具化的生活和慰藉文化之间，而网络艺术寻求做同样的事情。但是它没有画廊艺术那种用来将自己与其他文化区分开来，并抵御影响大众文化的商业压力的各种策略。网络艺术是在一个商业竞争激烈的环境中做到这一点的，失败可能意味着在网络上消失。由于缺乏这些通常的防御和策略，它只能把自己标记为艺术和非工具性的，因为这样它才会在反对工具性和剥削的斗争中变得有用。通过建立参与性和集体的数据项目，通过公开的政治活动等，网络艺术以不同的方式试图打破在线观众对无缝的奇观和顺利运行的商业的常规期望。

第五节　关系美学的介入

网络艺术作品似乎也在创造境况，在其中，人们的互动发展方式与广播模式的大众文化或工作中的管理环境通常不同。在这方面，在线艺术并不是唯一的，因为有相当多的画廊参与了这种创造境况的活动。关于如何看待这一趋势，最近有两种截然不同的说法。

第一种是近年来艺术创作中人际关系美学的介入。在尼古拉斯·伯瑞奥德（Nicholas Bourriaud）的《关系美学》一书中，20 世纪 90 年代的艺术最大的特点是将社会互动打造成一个美学舞台。艺术家们在这个舞台上向访问者提供服务，或者只是促进他们之间的对话。伯瑞奥德举了一个例子，很好地说明了这个想法。丹麦观念艺术家延斯·哈宁（Jens Haaning）在哥本哈根的一个广场上通过扬声器用土耳其语广播笑话，在那些理解了笑话并大笑的人之间建立起一种暂时的联系。

对伯瑞奥德来说，运用艺术中的社会互动进行艺术创新是对人际关系日益受制于劳动分工、机械化和盈利能力的直接反应。这样的作品提供的不是理论上的处方，而是微小的、瞬间的和主观的，能够亲身体验的乌托邦，人们可以在其中学会以更好的方式生活。在这里最重要的是作品存在的时间，而不是其所占据的空间。然而，这个“交流的舞台”必须通过对其形式的分析，以审美标准来评判。社会关系被视为另一种艺术媒介。它们被看到的时候，人们会从表面上做出评判。它们很可能包括那些看起来像传统艺术对象的东西。它们也可能被买卖，尽管它们也只是作为整体场景的一部分被评判。甚至参与者也与作品有这种美学关系，因为他们既参与到作品中，也具有自我参与意识，就如同艺术家在画廊中设置的人工社会环境中那样。

这些社会互动作品有一些关键特征。首先，在参与者的数量和他们的多样性以及可能的话语之间存在权衡。积极的参与者往往是少数的、精英化的和自主选择的。其次，在这些暂时的乌托邦泡沫中，不可能达成实质性的政治协议，尤其是因为即使是那些真正参与其中的人，也暂时否认或忘记了真正的分歧和利益冲突。

如果所有这些活动看起来都是自我意识的象征，甚至是无意义的，那么这门艺术的兴起可以被视为远不如伯瑞奥德所说的那么乐观。再加上对民主政治空洞化的思考，伯瑞奥德所描述的仅仅是另一个艺术世界对垂死的人或废物的同化，是对曾经的社会互动、政治话语甚至普通人际关系的美学再现。

第二种观点则相反，将着眼于计算机通信技术对艺术作品的转变，并看到新的工作方式以及随之而来的新课题的出现。新的生产方式使合作成为劳动行为的内在要素。人们需要彼此以创造价值，但不一定再需要资本及其组织权力。相反，是社区在生产，并且在生产的过程中，复制和重新定义自己，其结果不亚于一种自发的初级共产主义的潜力。尽管自由软件运动并没有提及这种新的生产方式，但实际上它是这种新模式中的典范。自由软件中的新兴软件，通常是自由分发的，是由大规模协作制作的。参与者以时间换取声望，当然有时会是金钱奖励。如果审美作为一种自我实现的理想与资产阶级主体的崛起是一致的，那么这种赠送礼物、公开交换和对话的风气可能与网络化主体的出现是同步的。网络化主体更感兴趣的是交换比特和字节，而不是作品。

1999 年 Ars Electronica 向自由软件操作系统 Linux 颁发了久负盛名的艺术奖“Golden Nica”。这引发了有关在线艺术作品的定义和非商业合作性质的根本问题。显然，Linux 项目和大多数文化项目之间存在着巨大的差异。Linux 是一个共享的集体开发项目，对所有参与者而言有着一致的目标和标准。这个操作系统的速度、可靠性、兼容性和简单性是 Linux 社区一致认可的优点。而艺术通常不是这样的。不是因为对艺术从来没有达成集体性的判断，而是因为支撑这些判断的标准往往是未阐明的和个性的，更不用说有些标准很古怪。从艺术体制角度而言，这样的标准才是受欢迎的。在同行评议效用较低的艺术项目中，使用协作式模式的动机几乎消失殆尽。然而，这一点却留下了利用艺术体制的艺术的进化问题。我们已经看到，一些艺术家正是利用互联网开辟了供用户发表意见的论坛以绕开传统的体制。

说 Linux 是一件艺术作品可能是一个简单的分类错误，而且它肯定没有被更广泛的艺术世界所接纳。因此根据艺术的任何制度性定义，Linux 都不能算作一件艺术作品。此外，将其称为艺术作品并不一定意味着它具有任何美学意义，或者它能够鼓励审美关注。考虑到传统上美学与商业工具的对立性，因为 Linux 的强大功能本身，更不用说它在某些市场上的成功，使得给 Linux 授予这样的地位带来了问题。

也许使用伯瑞奥德的观点是因为它确定了观众在体验这样的作品时，在工具观和美学观之间的快速穿梭。在体验画廊的参与性作品时，同时出现的双重意识，即参与，看到自己参与或被看到参与，可能不适用于在线的情况。对于那些将政治元素和美学元素紧密结合在一起的作品，在多样的和不受控制的环境中看到的，是美学观和工具观之间的注意力波动。

然而，在一个看起来如此黯淡的社会和政治场景中，以这种方式交谈或以这种方式创作作品是很奇怪的。毕竟，商业主义，以及与之相伴的工具主义，在其全球发展中几乎没有中断。在世界上的许多地方，主要是西方国家，民主制度中所固有的民众权力比以往任何时候都更加分散。作为一个相互关联的发展，社会变得更加原子化。

此外，只要艺术家的地位仍然享有特权，在创造互动发生的框架时，德国哲学家阿多诺评论的资产阶级自我实现和统治之间的辩证法仍然适用。在说服力、连贯性、顺序和支配性与允许的交互程度之间存在着反比关系。许多画廊作品的平衡当然取决于艺术家，但这也同样适用于许多在线作品。

在这种昏暗的背景下，网络艺术家的活动似乎变得更加有趣、好笑和理想主义。大多数观众仍然像普通观众那样，坐下来观赏作品，把它们视为行为表演和审美，而不是非常严肃地认为它们可能有某种用途或效果。网络艺术家的活动是一种狂欢式的爆发，用来更牢固地锚定它显然反对的秩序。在这种观点下，即使它明确的反美学元素，如参考达达主义或观念艺术，以及反对主流艺术世界的理想主义，都被视为复古的审美姿态。这就像时尚界的复古服饰一样。

我们熟悉这样一种方式，即当局部的和时间的意义消失时，一件作品的美学观更有可能表现出来。例如，随着时间的流逝，为政府机构制作的宣传作品，变得怀旧和感伤，成为模糊理解一个时代的象征。然而，有时候效果是相反的，就像美国在 20 世纪 60 年代对大萧条时期的摄影的政治指控被重新激活一样。因此，如果政治和社会条件变得更加开明，那么为政治改善服务的作品可能会显得不那么具有象征性和理想性，而是更直接有用，至少可以作为进一步行动的模板。所以，我们可以期待着一个网络艺术看起来比现在更缺少美感的时代。

达达主义反对想要人民屈服的功利主义和专制主义势力。根据伯瑞奥德的说法，当代艺术在继续着这场斗争。但这是在另一个基础上进行的，现在只能进行微小的修改。社会乌托邦和革命期望被抛弃，取而代之的是不直接批评社会的“微型乌托邦”。当代艺术的颠覆性和批判性力量是通过作品实现的，这些作品试图让人们摆脱大众传播意识形态的束缚，并创造出可供选择的社交形式、批判性模式和构建欢乐时刻的场所。这就是伯瑞奥德所说的“关系”艺术作品，它以非乌托邦的方式，在日常生活的基础上产生人与人之间的经验。艺术作品成为一种社会“缝隙”，在这个缝隙中，社会实验和新的生命可能性可以出现。关系美学理论特别旨在阐明20世纪90年代的艺术。

人们往往不甚了解关系的艺术作品。其主要原因之一是其具体的物质形式或其缺乏物质形式。泰国当代艺术家里克利·提拉瓦尼（Rirkrit Tiravanija）为威尼斯双年展创作的作品就是一个很好的例子。一个金属贡多拉船上放着一个点燃的煤气灶，使一大碗水保持沸腾状态。露营装备散落在贡多拉船周围，没有特定的顺序。靠墙堆放着纸箱，其中大部分是敞开的，里面装着脱水的汤料包，观众可以随意加上开水后食用。在这里，提拉瓦尼的作品没有传统的材料形式。正如伯瑞奥德所举的许多例子所示，真正的艺术作品着眼于人与人之间的适度联系，或试图打开被阻碍的通道，或是连接分离的现实层面。关系艺术的视野是人与人之间的互动，以及这些互动的社会背景。与经常听到的批评相反，当代艺术确实涉及具有颠覆性因素的政治项目。这是因为当代社会充满了技术，使我们能够更快、更有效地移动和交流，但其缺点就是把人类主体变成技术和商品的副产品。

在此背景下，关系美学理论认为当代的艺术实践似乎是社会实验的沃土，就像一个部分不受行为模式一致性影响的空间。根据伯瑞奥德的观点，社会学对此的解释是世界性的城市文化的诞生。

关系艺术是一种艺术形式，一种以主体间性为基础的艺术形式，一种以共同存在为中心主题的艺术形式，一种观看者与画面“相遇”的艺术形式，一种集体阐释意义的艺术形式。由关系艺术创造的缝隙是一个暗示其他交易方式和其他沟通可能性的地方，而不是那些在整体系统中有效的方式。因此，关系艺术鼓励人与人之间的交流，这不同于标准化的、强加的、仅限于为此目的规划的空间的交流方式。因此，当代艺术必然通过进入关系领域来发展一个政治项目。

展览是这种短暂的分组可以发生的地方。人际关系已经成为完全发展的艺术形式或审美“对象”，如会议、偶遇、事件、游戏、节日等，超越了纯粹和简单的审美消费。这些艺术作品在古典艺术作品的意义上是不存在的。当代艺术通常以其不可获得性为特征，因为它通常只在特定的时间可见或可体验。最典型的例子就是行为艺术，公众被艺术家所召唤。此外，聚集在艺术品前的微型社区也成为其“光韵”的实际来源。艺术的光韵不再存在于作品所代表的内在世界，也不再存在于形式本身，而是存在于作品前面，存在于通过展示而产生的、暂时的集体形式之中。但正是因为这种关系艺术实践仅限于画廊和艺术空间，它也招致了批评。关系艺术家被指责否认社会冲突和社会差异，以及在疏离的社会空间中沟通的不可能性。关系艺术仍然是精英主义的，只能提供一种弱化版本的社会批判。伯瑞奥德的回答是，这些艺术作品也应该在形式的基础上进行判断，也就是说，与艺术的历史和形式的政治价值有关。否则，我们就有推广“介入的艺术”的危险，这种艺术只能是宣传的艺术。展览并不否认社会关系，而是在艺术系统和艺术家自身编码的时空框架中扭曲和投射它们。

关系美学似乎可以为当代艺术的一个重要组成部分提供一个新的、有价值的视角。然而，伯瑞奥德甚至没有提到互联网艺术。实际上互联网艺术以卓越的表现对抗主导性的社会形态和经济力量。根据伯瑞奥德的看法，计算机革命的重要影响在今天不使用计算机的艺术家中是显而易见的。这将使艺术家能够更好地展示现代技术对我们日常生活的影响，并防止将技术用作意识形态工具。这不仅是对网络艺术的批判性动机和潜力的错误判断，而且是对艺术家使用新技术的方式进行批评的观点。

鉴赏当代关系艺术的主要障碍之一，即其物质特征或物质特征的缺失，在网络艺术中表现得有所不同。虽然网络艺术确实是无形的，但这并不会导致很多关系艺术作品的不可得性。相反，互联网艺术的定义是存在于万维网上的，这一事实使得它在原则上对每个人和任何时候都是可用的，即只要艺术作品仍然“活着”在互联网上。精英主义式的解读，在伯瑞奥德所讨论的关系艺术中是可能的，但在网络艺术的情况中则会很困难。这也是为什么网络艺术比其他关系艺术更容易达到达达主义的目的，即艺术与社会生活相结合，而关系艺术大多局限于画廊和艺术中心。由于计算机技术渗透到日常生活中，网络艺术家倾向于向整个网络冲浪者群体发表演讲。当伯瑞奥德从社会学角度解释关系艺术在全球城市文化发展中的崛起时，他没有明确提到这种增长的技术条件，比如互联网的重要作用。在伯瑞奥德看来，技术，尤其是计算机技术，主要是要被反对的东西。使用技术本身作为对这种技术的反应，过于草率地等同于以非批判性、意识形态的方式使用技术。关系艺术中存在的整体动机，如果不是提前预测的话，也是与网络艺术共享的，它对人际关系的标准化和商品化以及技术在其中的作用相抵触。

第五章
后互联网艺术

在20世纪90年代，对互联网的狂热似乎将一切都带到网上，艺术也不例外。当然，也只有如此才可能看到环境是如何影响内容的。而在现在的后数字和后互联网时代，互联网就像自然环境一样，就在我们的周围。对网络艺术的批判之声自网络艺术诞生之日起就不绝于耳。如何在后互联网艺术、后数字化和后媒体等术语的语境下描述网络艺术的趋势呢？早在1997年，列夫·曼诺维奇、吉尔特·洛文克（Geert Lovink）、安德烈亚斯·布罗克曼（Andreas Broeckmann）和阿列克谢·舒尔金都或多或少地谈到了这一新兴趋势。

现在互联网已经淹没在社交网络和商业渠道中，回顾20世纪90年代网络艺术的经历是有意义的。那是一个天真的、热切的和英雄的时代，网络作为一种艺术当时是全新的现象。网络艺术既具有讽刺性又具有自我批判性。

网络艺术和后网络艺术的本质区别在于，当时的互联网环境是特殊而新鲜的，而现在是平庸和普通的。20世纪90年代，文化和艺术都必须被带到互联网上，成为在线状态，只有那时才有可能看到环境如何影响内容。而在当前的后数字和后互联网时代，互联网环境就像自然环境，它围绕着我们。它已经成为世界接触我们的渠道，但它也已经成为人们日常生活、交流和表达自己的环境。它已经变成了一个占主导地位的媒介环境。

第一节　从网络艺术到后互联网艺术

一、网络艺术的发展

到目前为止，基于互联网的艺术潮流经历了哪些曲折？

“网络艺术”一词是在1996年左右诞生的，它的爆炸性影响涌入了一些艺术节活动。网络艺术项目的作者经历了这股新浪潮的诞生。这股新浪潮逐渐成为艺术事件的常态。那时最重要的名字包括阿列克谢·舒尔金、奥莉亚·利亚利娜、Jodi、武克·科西克和希斯·邦廷，理论家包括蒂尔曼·鲍姆盖特尔、约瑟芬·博斯玛、格特·拉文克和皮特·舒尔茨等。最耀眼的明星可能是舒尔金，他虚构了“net.art”这个词的诞生故事。这是武克·科西克在1996年收到的一封令人困惑的电子邮件中唯一可以理解的术语。围绕“net.art”这一术语诞生的虚虚实实，成为构建网络艺术传奇的一部分。

阿列克谢·舒尔金和奥莉亚·利亚利娜是两个最重要的名字。两人自称是莫斯科出生的俄罗斯人，并在20世纪90年代的国际网络艺术史上保持着东欧人的身份。自从奥莉亚·利亚利娜的著名作品《我的男朋友从战争中回来》（*My Boyfriend Came Back From The War*）以来，已经过去了近30年。因为技术的迭代更新，根茎网站（Rhizome）的档案将其呈现为Netscape Navigator Gold 3浏览器模拟的内容[①]。奇怪的是，这部作品从来没有像她同年创作的另一个作品《如果你想清洁你的屏幕》（*If You Want To Clean Your Screen*）[②]那样在情感上有效果。后者通过移动浏览器的右下滚

① https: //sites.rhizome.org/anthology/lialina.html.[2022-12-02].

② http: //www.entropy8zuper.org/possession/olialia/olialia.htm.[2022-12-02].

动条，你可以从一只手的手掌上移动图片，这只手似乎从另一侧擦拭屏幕。如果你使用笔记本电脑，操作就更容易了：沿触控板水平或垂直移动两个手指。手掌上贴着一张苏联邮票，上面画着一个拿着罐子的女人的肖像。通过点击邮票，你可以向奥莉亚发送电子邮件。这个作品今天看来似乎平淡无奇，但当时其令人兴奋之处在于用隐喻的方式表明网络变得触手可及。通过手掌掌心转向观众来强调这一点。它现在看来仍然是一个强大的作品。

在网络艺术实践中具有相似情感潜力的作品是爱沙尼亚艺术家劳尔·蒂德曼（Laur Tiidemann）的《钢琴》（*Piano*）[①]。屏幕上显示有两个眼球分别在两个位置循环转动，当你触摸它们时，你会听到钢琴声。该项目最初是为触摸屏创建的。这部作品赢得了许多国际奖项。例如，它在2001年在东京举办的“Art on the Net 2001. Post–Cagian Interactive Sounds”活动中获得了一等奖。严格地说，这个作品甚至不需出现在互联网上，因为其中并没有链接，但它通过连接超现实的眼球和触摸行为而产生了影响。

考察基于网络的、非物质的电信艺术实践，我们可以看到这样的变化趋势：它变得更加空间化、基于对象的物质化；它逐渐离开了互联网，非物质的属性变成了物质属性，而非物化的东西已经变成了物化的和商业化的。这是网络艺术的发展趋势和后互联网艺术的话题。

从网络艺术到后网络艺术，可以画出一条粗略的发展线条。电信和互联网艺术实践的历史包含以下趋势，但并不一定是按时间顺序划分的。

1. 20世纪70年代至80年代的筹备阶段，发生在不同的地点，技术变化相当温和，但就创新而言很新颖。主要人物有英国新媒体艺术家和理论家罗伊·阿斯科特（Roy Ascott）、加拿大艺术家罗伯特·阿德里安（Robert Adrian）、美国媒体艺术家道格拉斯·戴维斯（Douglas Davies）和韩裔美国媒体艺术家白南准（Nam June Paik）等人。

① http: //www.netarts.org/mcmogatk/2001/tiidemann/piano/start.htm.［2022–12–02］.

2. 基于真实互联网的作品，20 世纪 90 年代上半期和中期；“网络艺术”的诞生。

3. 软件艺术和生成性艺术的趋势，它们部分地与网络艺术是重合的。主要人物有俄罗斯阿列克谢·舒尔金、英国媒体艺术理论家奥尔加·戈里奥诺娃（Olga Goriunova）和美国媒体艺术家艾米·亚历山大（Amy Alexander）。

4. 网络艺术变得更具有物理性质的趋势。这是随着雕塑、建筑、行为表演和装置作品的变化而变化的，比如有 etoy.com 和希斯·邦廷的项目、英国媒体艺术家保罗·萨蒙（Paul Sarmon）的远程信息处理装置作品等。

5. 后互联网艺术趋势，产生于互联网环境，但其与基于网络的艺术实践的联系是间接的；网络体验和内容变得更加实体化：从 21 世纪下半叶开始到现在。主要人物有美国艺术家玛丽莎·奥尔森（Marisa Olson），吉恩·麦克休（Gene McHugh）和阿蒂·维尔坎特（Artie Vierkant）等。

上述划分只是一个粗略的说明。从艺术史的角度来看，网络艺术实践与之前的艺术传统和运动之间联系紧密，比如达达主义和情境主义、观念艺术、激浪派、视频艺术、动态艺术、行为艺术、远程信息艺术和偶发艺术。我们也不应该忘记通信艺术的史前史，比如 1922 年拉斯洛·莫霍利·纳吉（László Moholy Nagy）的作品 *Telephone Pictures*。

在网络艺术的故事中，另一个必须承认的重要章节是 20 世纪 90 年代后半期的网络女权主义运动，它绝对是以网络为基础的。另一个主题是基于互联网的网络问题，尤其是对 Web 1.0 网络的积极使用。目前的 Web 2.0 支持自我推广，允许使用现成的环境并对其进行重塑；自相矛盾的是，它不需要太多的干涉和个人贡献：交流是在完整的环境中进行的。

20 世纪 90 年代后半期，基于互联网的艺术家网络显著地塑造了艺术家工作的趋势。最重要的是，他们团结了东欧和西欧的艺术家。这在 20 世纪 90 年代是一个热门话题，双方艺术家参与的积极性都非常高。Nettime、

Syndicate / SPECTRE，Faces，Doors of Perception，Xchange 和 7–11，这些邮件列表团结并塑造了艺术家群体。比如前述提到的英国媒体艺术理论家奥尔加·戈里奥诺娃就在完成博士学位期间对它们进行了研究。Web 2.0 提供了有关互联网社区、其成员和活动的优秀信息，但不适合推广集体性想法或组织主题领域。

上述趋势中，第 4 点和第 5 点在某些方面是一致的，网络内容变成了可触摸的现实。从网络艺术诞生直到 1999 年是网络艺术的“经典”时代，那时的网络项目与基于万维网的页面相关联，而现在网络艺术已经变成了空间化的项目。换句话说，象征性地讲，网站已经成为基于对象的和雕塑化的。另外，我们可以看到，电子化的和连接方面的特征已经完全从艺术作品中消失，尽管它们主要依赖于从互联网获得的视觉元素。这一点在后互联网艺术中显而易见。

二、创新、循规蹈矩与批评

虽然网络艺术已经被记录在艺术历史上所有受人尊敬和公认的媒体中，但批评的声音自它诞生以来就不绝于耳。人们清楚地看到了它上升的浪潮，人们对接下来会发生什么以及会持续多久感到期待。近 30 年前，艺术家们为了快乐而创作并不是为了经济上的回报，他们只是在投入，不只是金钱。他们也不知道自己是否真的能生产出有价值的作品。现在情况已经改变，竞争的时代已经到来。

如果艺术家按照人们对他们的期望去创作，这是否是因循守旧呢？当时的网络艺术家也被问到这个问题，尽管网络艺术家的回答对这个说法主要是肯定的。然而值得思考的是，这个模式是否构成了普遍的机制和重复的逻辑，而艺术趋势正是基于这些机制和逻辑而产生和发挥作用的？一个快速的回答当然是肯定的，尽管这些趋势和流动的形成包含着一定的动态和起伏。因此，作品和名字会被载入史册，并将被长期保存。

在后互联网时代，我们是否可以谈论同样的现象，即某种集体现象出现了，随即是一种单一的思维方式影响艺术家的创作，由此形成一种趋势？这种态度有密切的、社会的、技术的和集体心理的前提，还需要有类似的艺术作品已经出现。事情就是这样发生发展，但这一切都是有价值的。因为艺术世界总是按照这种逻辑运作，试图产生反映这个世界正在发生的事情的独特的艺术家群体。这样的事情是不能强求的，即使去强求那也是非常罕见的。某些集体现象虽然可以存活几十年，但仍然停留在一个狭窄的领域。网络艺术运动就是如此，它现在更像是一个品牌，联合了少数艺术家的作品，尽管有其他人也创作了类似的作品，但参与这个运动的艺术家的名单不再开放。这就是艺术史运作的不公平逻辑。后互联网时代的趋势也将如此，排名在前十几位的艺术家，他们的名字才会留在艺术史。

三、后媒介、后媒体、后媒体的状态、主流当代艺术与新媒体艺术

标题是一组相互关联的术语。美国艺术评论家罗莎琳德·克劳斯（Rosalind Krauss）在她 1999 年的文章《北海之旅：后媒介时代的艺术》（*A Voyage on the North Sea: Art in the Age of the Post-Medium Condition*）中提出“后媒介”一词。她的目的是拒绝以比利时艺术家马塞尔·布达埃尔（Marcel Broodthaers）的作品为基础，对媒介的格林伯格式解读。这与法国精神分析学家费利克斯·瓜塔里（Félix Guattari）早前对“后媒介”的定义有很大的不同。早在 1985 年，他就用这个词来描述新状态，即“后（大众）媒体”[post-（mass）-media]，表现在电视、远程信息处理和信息技术的融合。这实际上在随后的几十年里一直发生着。

“后媒体”一词也曾被列夫·曼诺维奇在 2001 年提及。在他的文章《后媒体美学》（*Post–Media Aesthetics*）中，他写道，传统的媒体概念不再适用于后数字、后网络文化：“……艺术对象的身份与其媒介之间的传统的

密切联系被打破。”[①] 一切都被简化为相同的数字基础，一个共同的分母。

彼得·魏贝尔（Peter Weibel）是国际知名的奥地利后观念艺术家、策展人和新媒体理论家。“后媒体状况”是 2006 年他策展的一个展览的标题，也是同年发表的一篇论文的标题。在他的解读中，“后媒体”状态是所有当代艺术的状态，甚至绘画和雕塑也受到新媒体的影响。“因此，在艺术中不再有任何超越媒体的东西。没有人能逃离媒体。不再有任何媒体体验之外和超越媒体体验的绘画。不再有任何媒体体验之外和超越媒体体验的雕塑。不再有任何媒体体验之外和超越媒体体验的摄影。”[②]

主流当代艺术和新媒体艺术是美国艺术史学者爱德华·尚肯（Edward Shanken）在 2010 年的文章《当代艺术和新媒体：走向混合话语》中使用的两个术语。尚肯抱怨主流当代艺术（MCA）和新媒体艺术之间缺乏一个共同的讨论领域。为了缓解这种情况，在 2010 年的巴塞尔艺术展上，他组织了一场有影响力的策展人尼古拉斯·伯瑞奥德和彼得·魏贝尔之间的对话。一直对新媒体持怀疑态度的伯瑞奥德认为，由于新技术直接受到连通性的影响，并且基于网络，使得创造以前不可能的社会情境成为可能。在他看来，新技术的另一个重大影响是屏幕格式，即在屏幕上呈现图像。他还认为技术对当代艺术的影响是间接的，就像摄影对印象主义的影响一样。魏贝尔则重复了他在 2006 年的文章《后媒体状况》中表达的观点，声称新媒体已经对整个新艺术形势产生了影响，包括传统艺术。“现代艺术”一词已经被“当代艺术”所取代，这主要是因为新技术的影响。如果是在几十年前，“现代艺术”这个词才应该在这种情况下使用。当然，我们并不清楚此次会面是否产生了双方代表达成共识的混合话语。

---

① 列夫·曼诺维奇，*Post-media Aesthetics*. http: //manovich.net/index.php/projects/post-media-aesthetics.[2022-12-02].

② 彼得·魏贝尔，*THE POST-MEDIA CONDITION*（2006）. http: //www.metamute.org/editorial/lab/post-media-condition.[2022-12-02].

关于基于新媒体的艺术，人们所犯的最重大的错误是将其视为一种中介意义上的媒介，即它传达了通过数字代码翻译的某种其他现实和类似现实的信息，然后被重新中介。某种语境产生于现象本身的特性，例如它的唯物论和技术性质。数字环境不仅仅是传输介质、中介介质、再中介。在这些平台上出现的各种艺术形式，如互动艺术、网络艺术、软件艺术、电信艺术、生物艺术和其他混合形式，都有自己的一套规则。可以理解，这些规则依赖于数字环境和技术的特征，但本质上都是创新的。这不仅仅是将技术作为一种工具、媒介和手段，以不同方式包装既有现实，它创造了一个不同的领域。在这个新的领域里，在此之前的物理性的艺术和现实的惯例不再有效。

同时，这个领域需要一些技术知识。20世纪90年代可以被描述为一个建立新媒体中心的时代，有各种各样的媒体实验室和大学里的新媒体分支。然而，对于艺术家来说，获得必要的技术知识和技能进行数字化工作的热情似乎已经消退。这可能是因为新媒体的吸引力和前卫性已经下降，一部分原因是数字技术无处不在，一部分原因是纯粹的技术教育并不真的适合艺术学院：创造性人才的认知能力是有限的，他们需要更多直观的创造性实践，而不是涉及离散的智力能力的技术培训。这一切都为被称为“后互联网”的决定性反弹提供了肥沃的土壤。

后互联网艺术运动总体上可以被看作是对技术艺术的特殊技能和认知需求的一种反应，同时也适应了当代艺术体系：生产实体艺术品。“后互联网”一词最早是由玛丽莎·奥尔森在2006年提出。当时奥尔森作为网络门户网站根茎网的编辑，她的地位相当有影响力。在创作自己的项目时，她将后互联网视为一种“互联网参与的艺术”现象，或称之为受到网络影响的视觉艺术。今天，后互联网这个词被用来更广泛地表述对网络文化中的社会生活状况的思考。

四、后互联网的定义

正如20世纪的现代主义在很大程度上是传统手工艺被新兴制造业、大众媒体和影像技术所革新换代的必然产物，当代文化在今天最突出的潜藏危机可能是互联网的无孔不入——从艺术实践、社会理论到日常语言。“后互联网”一词并非对应于某个时间概念，而是一种与互联网共生的意识形态，一种网络思维的方式。在艺术实践中，“后互联网”的创作意识到了其所存在的网络体系——从观念、生产到传播和接受。人们描述这一现象的专用语汇仍处于萌芽状态，尚未被普及。2014年在北京尤伦斯艺术中心举办的“后网络艺术”展览中，针对后互联网状态做了一个广泛的调查。被问及的都是文化实践者，包括艺术史学家、建筑学者、艺术家、策展人和博物馆馆长等。在他们的回答中，你会发现对“后互联网”一词的定义及其影响。

荷兰媒体艺术家康斯滕特·杜拉特（Constant Dullaart）：“一种传统的，甚至是怀旧的面向对象的艺术实践，基于在社交网络和广告中传播的商业美学。”①

美国策展人哈里·伯克（Harry Burke）：“‘后互联网’一词让人想起艺术实践的网络，它在2009年开始发展成为一种关键的潮流，在2011年在艺术界成为主流，在2012年在艺术界外成为主流。”②

美国艺术家埃丝特·崔（Esther Choi）：“我会用最广泛的术语来定义‘后互联网’，作为一套自我指涉的模式和感受对互联网的出现和文化影响作出反应。”③

---

① https: //monoskop.org/images/d/d5/Art_Post-Internet_Information-Data_2014.pdf，p. 92.[2022-12-02].

② 同①，p. 87.[2022-12-02].

③ 同①，p. 87.[2022-12-02].

策展人拉斐尔·多尔夫（Raffael Dörig）："现在，后互联网已经成为一个标签，使得艺术市场和主流艺术世界更容易谈论这种新的'趋势'。它是关于一群从事互联网工作的人（互联网！你知道，这种新的媒介），幸运的是，他们也能生产实物。这未必是一件坏事，但有时却会造成奇怪的局面，因为人们完全忽略了在后互联网之前或外部存在着互联网艺术或与网络相关的艺术。"①

美国视频艺术家安·赫希（Ann Hirsch）："最初，后互联网意味着人们意识到互联网已经完全渗透到我们的生活中。从日常世俗活动到人际关系，再到我们感知文化的方式以及文化传播的方式。"②

艺术评论家帕迪·约翰逊（Paddy Johnson）:"艺术后互联网将后互联网描述为一种思维状态——以连线的方式思考。艺术作品反映了创造它的网络（运用广告、平面设计、企业品牌等语言）。"③

艺术家和策展人奥马尔·霍雷夫（Omar Kholeif）:"我倾向于接受一个共同的概念，即后互联网是一种'互联网意识'的艺术，因此它不一定是特定于媒体的，也不规定任何特定的形式理念。但它是一种艺术，与互联网作为一种全方位的社会和政治媒体密切相关。"④

艺术家尼克·科斯马斯（Nik Kosmas）:"后互联网是继网络艺术之后出现的东西，后互联网艺术并不迷恋媒体，它是关于21世纪生活、网络化的体验。"⑤

策展人克里斯蒂安妮·保罗（Christiane Paul）:"虽然我不喜欢'后互

---

① https: //monoskop.org/images/d/d5/Art_Post-Internet_Information-Data_2014.pdf，p. 88.[2022-12-02].

② 同①，p. 92.[2022-12-02].

③ 同①，p. 93.[2022-12-02].

④ 同①，p. 93.[2022-12-02].

⑤ 同①，p. 93.[2022-12-02].

联网'这个词，但我不认为它对主流艺术世界有负面影响。后互联网作品在艺术市场上的表现要比'新媒体艺术'本身好得多，但我认为这种成功更多的是由于它在很大程度上采用了实物的形式，而不是后互联网讨论的形式。"①"如果说从互联网艺术到后互联网艺术是一个进步，我认为这是非常有问题的。"②

综上所述，这次的展览和调查展示了具有网络意识的创作实践，面向手工制品、物质性艺术、当代艺术领域和艺术博览会。这些实践在当代艺术体系中得到了积极的反馈。后互联网时代与早期的数字艺术实践并没有多大关系。当然，这并不意味着除了互联网意识之外，人们不具备数字艺术和网络艺术意识。

预测未来是一项费力不讨好的工作，但关于趋势的本质和持续时间的讨论，让人想到后互联网艺术可能的未来。正如上述调查中提到的，后互联网将媒体意识引入了当代艺术的讨论中，这是积极的。在此之前，主流当代艺术与新媒体艺术相对分离。现在至少两者之间有了一座桥梁，有了些许的交流。

第二节　后互联网状态

无论是在线还是离线的艺术作品，理解互联网的当代性是每一件艺术作品产生的条件，这使我们能够理解后互联网是一种文化现象，而不仅仅是一种艺术的或技术的现象。特别是在艺术语境下，后互联网可以简单地理解为一个术语，它代表了所有当代艺术通过互联网达成的数字化和去中

① https: //monoskop.org/images/d/d5/Art_Post-Internet_Information-Data_2014.pdf，p. 124.[2022-12-02].

② 同①，p. 96.[2022-12-02].

心化，以及对所有新媒体特性的放弃。因此，后互联网不是一个艺术分类，而是一种状态，即当代艺术。

从这个角度来看，“后”的用法变得有问题，就像后现代主义等许多其他文化术语一样。前缀是否总是意味着一个结束和一个新的开始，一个对前人的拒绝？尽管如前所述，到目前为止尚未就后互联网达成共识，但这既不意味着拒绝网络艺术，也不意味着宣布互联网的终结。

玛丽莎·奥尔森（Marisa Olson）将这个术语定义为“我的在线和离线作品都是在互联网之后，因为‘之后’既可以表示‘在风格上’，也可以表示‘跟随’。为了说明这一点，我提到了后现代性的概念，它不是在现代性的‘结束’时出现的，而是在现代性之后出现的（并具有批判意识）”①。从这个意义上说，奥尔森的理解强化了这样一种观点，即后互联网不仅是关于当代文化的，也是关于环境和其前身的。

后互联网的“后”，与其说是为了明确划分“之前”和“之后”，不如说是为了表征一种不断演变的批判性对话。正如前面所指出的，这是对前缀的一种似是而非的描述，因为它强调了临界性的元素，并且没有对后互联网时代“之前”的流派作出明确区分。而英国艺术家扎克·布拉斯（Zach Blas）反对过度使用前缀“后”。他使用了“反”一词替代“后”，借用了酷儿理论中的反性别概念，以表明互联网的革命性的可能性。使用“反”而非“后”表明，在解构一个概念时，某种思维方式的固化是最大的挑战。针对数字世界中商业化和资本化的常态化，反互联网美学不允许互联网决定其可能性的视界。尽管会再讨论布拉斯的反互联网观点，但重要的是，将后互联网视为解构的和批判的工具是批评家的常见做法。

“后”不应被理解为“继任者”，而是“危机”。即后互联网艺术这一概念的产生可以理解为网络艺术遇到了危机而必须产生改变的结果。在确立

① https: //www.are.na/block/1982571，p. 60.［2022-12-02］.

了这一点之后，可以说今天工作的每一位艺术家都是后互联网艺术家。这一点有着强烈的含义。首先，这意味着将互联网视为一个充满不满的危机状态；其次，艺术家作为更广泛的文化生态系统的一部分，既不忽视也不逃避互联网文化对其实践和/或日常生活的影响。

一、后互联网的形成

作为一个状态，后互联网是一个复杂的文化环境，需要通过商业化、监控和控制等塑造它的要素进行考察。这一部分将通过参考当代的实例，比如数据政策和互联网文化商业化的实例，来研究这些因素。

从方法上讲，理解互联网周围环境的最佳方式似乎是将其作为一个公共空间来处理，并分析构成其整体的各个单元。然而，在讨论互联网作为公共空间之前，有必要指出虚拟和真实聚集空间之间的紧张关系，这也有助于更好地理解互联网对日常生活的影响。

在过去，人们认为互联网只是虚拟角色聊天和玩耍的虚拟场所。而互联网在今天的世界并非如此，出现了“数字原生”的一代。他们大部分时间生活在网上，不区分线上和线下。不同于将数字身份和现实空间身份作为分开的东西，他们只拥有一个身份。新一代用户在线上进行购物、互动、学习和享受。互联网既不是独立的文化，也不是独立的生活。因此，互联网是否是虚拟的并不重要。不再需要这种区分，因为互联网现在只是一种文化。互联网上固有的传统、词汇、图像和模因如今已成为常识，众所周知。

麦当劳曾多次利用表情包进行广告宣传活动，其中表情符号是唯一的沟通方式，取代了实际的文字，因此创造了“表情包营销”一词[①]。在第一章中提到的模因案例，“成功小子”也曾被英国的维珍传媒公司使用来推广其服务。

① https://socialbeta.com/t/gift-of-mcdonalds-61-anniversay-eotf-and-emoji.[2022-12-02].

可以说，这些作品背后的信息可能不会被所有人马上理解，但这些人本就不是这类广告活动的目标人群。这些广告吸引的是更年轻化的受众，就是“数字原住民”。此外，每种文化都创造了自己的来源和历史。至少到今天为止，艺术的历史总是被写在著名的期刊、厚重的书籍或百科全书中，这些最终会被数字替代品所取代。这本身就是一个非常明确的声明，在一个由非物质的和持续知识生产定义的时代，物质性的“事物”不再能够充分提供“数字原住民”需要的信息。在这种背景下，将致力于互联网模因的定义和起源的网站视为未来的艺术史或社会史“书籍”并不是乌托邦式的设想。如果文化是在互联网上同时生产的和消费的，它的档案和历史自然会被写在网上。

归根结底，互联网是一个由它的使用者塑造的地方，它和它的用户一样真实和虚拟。鉴于虚拟的和物理性的领域已经变得如此私有化和公司化，我们也许应该超越围绕公共空间的生产的讨论了，无论是在线的还是离线的。今天真正重要的是：如何使用这个空间？它是否像宣传的那样是免费的？最重要的是：它是公共空间吗？

公共空间是由公众在具有足够意义和历史内涵的地方自然地横向发展起来的。尽管各国的情况可能有所不同，但这些空间依法属于公众，这意味着它们不是私人财产，如公园、城市广场等。公共空间并不要求人们具备某种先验知识、特定的外貌或社会阶层才能进入并与其他人互动。这个理解最引人注目的是它强调了身体在空间中的自由运动。然而，在当今的新自由主义经济中，公共空间的概念发生了变化，该术语也被用于非常商业和私人的空间，如购物中心。尽管它们只是为某一特定阶层聚集的场所，并要求以特定的身份进入。按照同样的方式，社交媒体、微博和搜索引擎等网站虽然本质上被视为公共空间，但都是由某家公司所有，因此它们是私人空间。它们是武断的、受控制的，并不是向所有人开放。这些独特的空间既是受控制的公共空间，也是受监控的私人空间；既不是公共的也不是私人的，是异位的。因此，这些空间中的身体在任何方面都不是自由的。尽管他们为这些网站提供了内容和语境，但他们仍然迫切需要网站所提供的基础设施。这种结构通常在危机发生前是不可见的。危机之时即当对网站的访问因为各种原因受到限制。在社会运动期间，激进团体在传统媒体不可用、不充分或受到审查的情况下，严重依赖这些技术来组织活动。尽管网络科技媒体被过度渲染为社会运动背后的驱动力量，但我们应该对科技巨头的意图和动机持怀疑态度。俗话说："天下没有免费的午餐。"从商业化的角度来看，互联网每天都在变得越来越私有化。互联网上提供的免费账户和服务会带来间接的隐性成本。公司每天都在用户并不知情的情况下从他们那里收集大量数据。在信息驱动的经济中，对数据所有权、监控和隐私权的担忧越来越大。

如今，互联网继续影响着生活的方方面面。因此，我们越是把网络上发生的事情认为像是发生在另一个世界，我们就越无法将这个传播系统，以及通过它发生的一切与我们周围的社会联系起来。要理解互联网，我们必须把它作为一个理念来摧毁。这里所说的破坏既不意味着任何负面意义，也不意味着切断互联网连接；而是在权力结构的表面上寻找"小故障"，避开它，做出回应，就如何重新解释日益网络化的文化展开怀疑性和批判性的对话。

二、理论、实践和挑衅

当前互联网和互联网文化的形态需要人们对世界如何被感知有新的思考。这里将探讨两种方法，它们为过度网络化、监管化和商业化的互联网领域的生产提供了新的视角。两种方法的共同点是，它们对后互联网的理解是将其作为更广泛话语的一部分，而不仅仅是研究艺术家如何参与这一理念，理论家和实践者会进一步研究日常活动的常规及其政治后果，以及政治权力与其主体之间的关系。

1. 詹姆斯·布莱多和“新美学”

英国艺术家和作家詹姆斯·布莱多（James Bridle）创造了“新美学（New Aesthetic）”一词。他在对新美学的概念中指出，“新美学关注的是在这些图像和引用中不可见的一切，但它们是不可分的，没有不可见的一切，图像和引用就不会存在”[①]。当我们看布莱多的作品，尤其是《无人机》系列（drone）时，更多的是关于作品是如何在观众面前形成的，而不是捕捉到的图像。

人们在不同地点之间的旅行信息可以在旅行网站上找到，图书的借阅历史可以由大学图书馆系统提供，而我们的计算机使用历史可以在网络浏览器和文件访问历史中查到。常用的论文写作编辑器 LATEX，是自 1984 年以来成千上万的人自愿在 LATEX 中工作的结果。主流的文档格式，如 .docx 和 PDF，它们是由世界上最大的两家技术公司微软和 Adobe 开发的。如果用户需要打印文档，将会使用到他们并不了解的一套协议和系统来获得纸质版本。此外，在文本叙事中，通过使用第一人称叙事，就揭示了文本作者本人。把看不见的东西变得可见，这就是今天的文化和后互联网时代的样子。没有逃避，只有意识，这是布莱多和新美学的主要关注点。

在解释了不可见的结构之后，布莱多提到了生产，并宣布“新的美学项目是在它自己的媒介中进行的。这是尝试用网络自身的语言批判性地‘编写’网络：在 Tumblr 中，在博客文章中……”[②]。他接着承认，虽然这些方法本身（即互联网文化）是有效和有意义的，但可能并不总能满足学术界的期望。如前所述，新美学提出了新的生产媒介来理解新时代，但同时也向非技术观众展示了技术本身的模糊性。

布莱多的作品和新美学中的另一个重要主题是权力关系。使用无人机

---

① https: //docslib.org/doc/12566257/you-are-here-art-after-the-internet-you-are-here-art-after-the-internet，p. 22.[2022-12-02].

② 同①，p. 22.[2022-12-02].

和卫星拍摄的航空图像的作品在两个不同的层面上产生作用。首先，无人机和卫星实际上是在构建一个顶部和底部的关系。即无人机和卫星处在高空，肉眼看不见，因此存在着物理距离。其次，无人机和卫星为政府服务，作为监视或进攻的工具，创造了一种主从的关系，或一种新的全景监狱。它们在文化和意识形态中是不可见的，所以存在着隐喻性的距离。虽然我们并没有处在监狱围墙中，但监视无处不在。人们可能永远无法确定他在何时没有被监视。这是一个非常好的控制机制，福柯已经证明了这一点。

此外，这种方法中有一些邪恶的东西；某些东西让这些邪恶不可见，这不仅仅是它们的物理性的缺席。布莱多将其解释为个性化效应，这种效应在各个技术层面都可以看到，从将我们的地点置于数字地图中心的定位点，到依靠被编码的世界来引导定位点的机器人传感器网络，而不是依靠地面上的真相。这些技术使它们对个体有用，同时不断收集关于其用户的数据，以发送到世界各地的大数据中心。

简言之，新美学关注的是对潜在结构的意识，尽管看不见，却能决定身体在网络文化中的行为和待遇。它反复地强调，“技术是政治的。一切都是政治的，如果你无法感知政治，政治就会对你施加影响”[①]。

2. 反互联网：扎克·布拉斯、黑特·史德耶尔和其他人

反互联网与新美学的区别在于它们的反应方式不同。正如其前缀“反”所预示的那样，除了使互联网的无形基础设施成为可能之外，反互联网还建议进行斗争以反对互联网的基础设施。

如前所述，布拉斯从来自西班牙、现居巴黎的哲学家、作家比阿特丽斯·普雷西亚多（Beatriz Preciado）的《反性别宣言》（*the Contra-sexual Manifesto*）中借用了前缀“contra”，即“反”。普雷西亚多提出了一种社会契约，反对已经存在的异质规范性和其他形式的社会规范。因此，反性别

① https: //docslib.org/doc/12566257/you-are-here-art-after-the-internet-you-are-here-art-after-the-internet，p. 26.[2022-12-02].

和反互联网在本质上都是解构的，是“对规范化和压迫的攻击，他们还坚持理解、快乐、知识和存在的替代形式”①。因此，当“反互联网美学试图努力使互联网走向毁灭时，它这样做是为了创造积极的替代方案”②。布拉斯的建议是承认现在，并采取“激进和革命”的立场反对它。问题是，如果今天的互联网是一个控制、集权和商业化的竞技场，那么它的对立面是什么？布拉斯回答了这个问题，并为他的反互联网概念绘制了一个框架：“1. 含蓄地批评互联网作为新自由主义的代理人和劳动力剥削、金融暴力和不稳定的渠道。2. 一项交叉分析，强调了互联网与宣传残疾歧视、阶级偏见、同性恋恐惧症、性别歧视和跨性别恐惧症的密切联系。3. 拒绝数字技术作为评估和理解生活的解释性镜头而强加的野蛮量化和标准化。4. 这是一种技术的激进主义，即立刻承认不可能实现全面的客观性，也产生了技术功能的不同逻辑和可能性。5. 一种以网络为中心的主体性的转变，超越并反对互联网作为一个快速发展的工作 - 休闲无差别、社交媒体单一文化和沉迷于保持连接的快速发展区域。6. 构建互联网的替代方案，这个想法无异于乌托邦。”③

布拉斯的宣言对互联网的现状进行了简要总结。下面将通过对案例的研究来考察反互联网的可能性和影响。

黑特 · 史德耶尔（HitoSteyerl）是网络文化领域的杰出艺术家、理论家和作家，她的作品中使用了回避和隐形的主题。这样的主题是一个非常矛盾的概念，是一种令人向往的东西，能让人们从持续的想象中解脱出来。但这也是一种令人担忧的东西。这种二分法也是视频作品 *How Not to Be Seen: A Fucking Didactic Educational. MOV*（2013） 和 *Is the Museum a*

① https: //docslib.org/doc/12566257/you-are-here-art-after-the-internet-you-are-here-art-after-the-internet，p. 89.[2022-12-02].

② 同①，p. 89.[2022-12-02].

③ 同①，p. 90.[2022-12-02].

Battlefield（2013）两个作品的核心。

在第一个视频作品中，史德耶尔建议要远离控制区域，在这样一个可见度和存在性都与尽可能长时间曝光在屏幕上紧密联系在一起的时代。正如在视频中偶尔重复的那样，离开屏幕。艺术家对隐形的有趣的处理方式，使视频与网络内外的生活更为相关。比如，视频旁白列举了通过消失变得隐身的十三种方式，其中包括“成为50岁以上的女性，生活在封闭的社区，拥有一个反狗仔队的手袋，浏览暗网，并成为一个死像素”。在这个意义上，史德耶尔的作品不仅是一种说教，而且是一种对社会问题的挑衅。

在第二个视频作品中，史德耶尔讨论了博物馆和文化机制是如何由军火贸易公司资助的，以及他们的资金是如何随着她在土耳其东南部地区发现的一枚空弹壳进入博物馆后“不可见”的。这段视频采取了演讲的形式，是第十三届伊斯坦布尔双年展委托创作的。她进一步调查了这些军火贸易公司与Koc控股公司之间的关系，而Koc控股公司是双年展的主要赞助商，并通过其子公司OTOKAR向土耳其军方提供装甲车。

当将这两个视频放在一起研究时，人们可能会认为，隐形策略既可以被现有的权力结构使用来隐藏其影响，也可以被互联网上的用户使用来摆脱同样的结构。这个策略既有用又自相矛盾。为什么不使用隐形对抗隐形的基础设施，或者使用替代性自治的网络对抗集中式网络呢？今天的护照照片包含个人的生物特征。这种照片是严格遵循能够捕捉面部的几何结构的准则而创建的。它是将身体的一部分缩小为可扫描的和可伸缩的实体。作为对此的回应，扎克·布拉斯在他的作品《面部武器化套件》（2011–14）[①]中创作了几乎抽象的面具，该面具根据许多同性恋男性面部的生物特征数据生成，是对通过快速面部识别技术确定性取向的科学研究的回应。当然，最终的面罩使得扫描设备无法捕捉到能识别个体的数据。这一系列作品可

① https://zachblas.info/works/facial-weaponization-suite/.[2023-01-10].

以与史德耶尔的作品一起解读为对可见性和身体政治的拒绝，其中主体被物化和分类。然而，逃离控制并不是网络文化的唯一方式。

用最简单的术语来说，互联网是一组使机器之间能够通信的协议。从技术上讲，其集中式的结构使得拥有数据的组织机构能够通过公共路由器和云计算服务控制数据流。

如果计算机 A 需要与计算机 B 通信以传输数据，比如发送电子邮件，首先两台计算机都需要连接到互联网，因为这是使用最广泛的协议。之后，使用集中式的基础设施来完成处理，因为在两台计算机之间没有直接链接。在这种情况下，这两台机器完全依赖于提供给它们的服务。比如完成这项任务，就需要邮件服务器、ISP、DNS 服务器等。

另外，网状网络将计算机和设备直接无线连接到彼此，而无须通过任何中心机构或集中式的组织。因此，通过消除对集中式的基础设施的需求，网状网络变得更加本地、横向、自愈、非层级和可扩展。但在后互联网语境下，这一切意味着什么？网状网络承诺会出现不受控制的区域，因为网状网络是由人建立和维护的。危机时期的社交网络使用问题已经讨论过，因此，采用反互联网的解构方法和网状网络的可能性在这里提供更多的讨论。

Occupy.here 是由软件工程师丹・菲弗（Dan Phiffer）开发的一个开源项目，包括一个无线路由器和配套软件，可以创建一个类似互联网的“临时自治区”，但无须连接到互联网。一旦激活，在其覆盖区域内的用户可以访问此项目的官方网站。在网站的集成的论坛中分享信息。该项目出现在 2011 年的“占领华尔街”[①] 运动期间，并且由于其分布式的和自主的设计，occupy.here 天生地抵制互联网监控。它建立了一个由其用户拥有和控制的集体性的网络基础设施，并可以为其他用途和应用打下基础。用户不必在

① http://www.occupywallst.org/.[2023-01-10].

放弃社交媒体和将数据委托给企业利益之间做出选择。他们只需要为自己的在线服务承担更大的责任即可。

该项目的总体范围和技术基础设施旨在创建一个没有商业化、控制和监视的替代性网络。在这方面，它既带有新美学的痕迹，指出了不可见的隐形结构，又带有反互联网的痕迹，拒绝当前互联网的同时并提出了另一种选择。这也是后互联网与现实世界关系的一个例子。

上述提到的几个作品都以某种方式与互联网的当代性联系在一起，并共享对信息不透明性的投资。这是一种通过逃避商业互联网的检测或拦截而从控制中退出的策略。暗网和网状网络在信息上不透明，因为它们通过匿名和自治的技术基础设施共享信息，如遮蔽这样的伪装策略，使数字化的网络监控不到用户。因此，信息不透明最容易被理解为反互联网美学的有价值的方法。

第三节　后互联网艺术的展览实践

人们对什么是艺术品的看法已经发生了巨大变化，传统的展览策略落后于这些新的生产方式的需求，尤其是对原生数字作品的展示和营销变得更加困难。

然而，这些障碍也引发了对展览策略的创造性思考；有时是理论的启发，有时是必要性的启发，商业画廊和公共机构都已经提出并应用了新的展示和营销策略。

一、塑造展览实践的基础概念

1. 真实性

数字作品最引发问题的方面是它们无限复制的能力，尤其是在互联网上，作者身份的消失也是一个问题。但是，人们也应该质疑这些问题的有效性，因为在这个时代，图像无政府主义反映了一代人对知识产权的漠视，认为它是一个官僚主义管制的概念。这种漠不关心源于文件共享，并延伸到去创作、去语境化的网络帖子，以及没有提及“原创者”的无数次转发和点赞的模因。这些转发中的“真实对象”是什么？是理念还是图像格式的文件？

罗兰·巴特（Roland Barthes）在1967年发表了《作者之死》，也许现在该轮到这一代人宣布作为一个物质实体的“对象之死”了。生产和消费、高雅和低俗、真实和虚拟、理论与实践、物质和非物质之间的界限不再存在。为什么不把“真实的东西”也丢弃呢？网络化的信息空间是数字原住民的天然的话语场所。它根本不是关于拥有“真实的东西”，而是关于拥有“正确的东西”。拥有“正确的东西”是当今策展策略的核心，这也是在真实性之后的世界中策展的意义所在。在生产方面不存在信息或内容的短缺，反而是它们的过剩；因为信息的溢出，人们甚至无法处理这些信息并从中创作出有用的东西。

2. 短暂性

互联网上没有超过一周的话题，有时甚至只有一天。互联网上永远都是现在、现在和现在。因此艺术的生产策略依此形成。当与媒介的不稳定性纠缠在一起时，这种短暂性给策划、收藏或营销基于互联网的艺术作品尤其造成了困难。此外，互联网的时间性在艺术历史背景下也很重要，因为它宣告了杰作的终结。在艺术史上，杰作是一部挑战了若干世纪的观念并影响其所处世界的思想和情感的作品，至少在艺术学校里是这么教给学生的。然而，在今天的互联网上，成千上万件艺术作品或它们的表征被分享，比如在社交媒体平台上。在看到徐悲鸿的《奔马图》之后，是一段可爱的猫咪视频，随后是某个旅游博主上传的风景照片，最后是直播带货的视频，等等。这都是日常生活的一部分。世界失去了令人震惊的效果，艺术失去了它的先锋性。在互联网上，一个的图像不会比另一个更重要。从这个意义上说，它们是大众化的。

3. 行为性

策展人吉恩·麦克休（Gene McHugh）的第一个网络博客和后来的书*122909.org*几乎完全致力于研究这一现象，即互联网上的行为性。当每个人都可以轻松地在网络上传播自己，或者只需点击几下鼠标就能创作出现代艺术杰作时，他在互联网上的这些行为就变得毫无意义了。面对这一困境，一些艺术家认为艺术生产不仅仅是创作一件作品，更多的是随着时间的推移创作多件作品，而观众可以实时地关注。事实上，这种方法是对以前艺术生产策略的直接回应。

如果短暂性是互联网的现实，一切都会在下一秒变得过时，那么艺术实践的唯一有效策略就是行为性。它支持系列化的生产，而不是在互联网时代失去了意义和重要性的杰作。在这种情况下，麦克休本人宣称他的作品是一部使用行为元素的后互联网作品。他的阶段性贡献以及承认他所有的作品都是为了迅速被遗忘而制作的，进一步增加了他作品的行为性。

另外，行为性通过大规模和持续生产来响应真实性。艺术家使用博客或其他社交媒体平台分享他们数字化生产的图像和绘画，而无须提及创作团队中的原创者或任何日期。然而，过了一段时间，观众会开始猜测哪些作品可能由同一位创作者创作，根据风格上的相似性。因此，即使在原创者离开后，行为性也能通过创造一个过程而不是一幅杰作来实现艺术的生产。

最后，行为元素也是对互联网不生产就死亡这一心态的隐喻。每个使用网络的人都在参与这一实践，到处都是用户。每个人都需要频繁地在网上进行生产，否则他肯定会消失并被遗忘。

二、后互联网艺术的实体性应用：理论与实践

在后互联网语境下，网络艺术并不一定要发生在网络上。但特别是在当代艺术语境下，数字作品的物质性表征或它的实体版本成为一个需要面对的问题。

从机构的和个人的实践到群体策展，后互联网艺术的实体性应用的理论方法各不相同。基于新媒体艺术理论，互联网出现之后的艺术策划有其自身的困难、缺陷和优势。事实上，很难把理论和实践区分开来。为了缩小讨论范围，我们认为，理论指的是对后互联网艺术的实体性应用的思考，而不是其在线展示。因此，讨论的目的是了解后网络艺术作品的展览实践如何在“白色立方体”（传统的展览空间）中重塑。在方法论上，我们介绍三个案例研究，以调查后互联网在现实中的应用。

1. 转型：后互联网艺术

在获得创意资本，即安迪·沃霍尔基金会艺术写作资助计划的资助后，吉恩·麦克休开始了他的博客“122909a.com”。这里有一点值得注意，即一项享有盛誉的基金拨款给予了一位以博客为媒介而非采用传统出版方式的艺术家。

该博客在 2009 年 12 月至 2010 年 9 月期间活跃，麦克休在他的资助结束后停止了该博客。

互联网上内容的生产者应该做他们最擅长的事情，但应该是免费的。这一观念或许与万维网诞生时的理念相关。但事实上，这就像是问：“为什么没有稿费就不在报纸上写专栏了？”除了博客有更多人阅读这一事实之外，为报纸或博客写作在智力方面有什么区别？为什么图书馆仍然不收藏博客，而是收集博客的书籍版本？如果博客是一场行为表演，是一件互联网上的艺术作品，人们可能会认为书籍的形式是这种作品的展览策略，把数字化的作品带到现实世界。但是媒介的本质发生了什么变化呢？这种转

变会改变语境吗？

麦克休不断提醒他的读者，他们会在几天内忘记刚刚读到的内容。在互联网的语境下，这是真实的。用户平均在一个网站上花费 10~20 秒。此外，即使是博客的忠实的访问者也需要等待一两天才能读到一篇新的文章。然而，在书的编辑过程中，即从博客被移植到一本书的形式中，博客读者和图书读者的体验发生了巨大变化。一本书有上百页，被分为几个章节。图书读者是一次性地拿到整本书，其内容可能是作者在过去一年甚至几年的时间内陆续完成。以平均阅读速度，读者也有可能在一次阅读中完成博客上几周写作的内容，并在一周左右的时间里完成整本书的阅读。

书籍的读者会意识到，作者不止一次地、有意或无意地谈论到相同的概念，或给出相同的例子。比如在麦克休的书中就有这种情况，有些内容是重复的。要记住几个月前网上一篇文章的内容几乎是不可能的。因为这是互联网结构的短暂性决定的；一切都被生产、被消费，并被立即淘汰。

从创作视频到印刷博客和数字绘画，转型在很多情况下是后互联网的现实应用的一个很好的策略，但它也有它的缺点。如前所述，如果网上的数字绘画作品是由过程而不是单个作品定义的，那么打印出单独的绘画作品意味着什么？一旦后互联网作品被转移到物理性的空间，是否有任何方法保持其后互联网的存在本质，即行为性和短暂性？这些问题的答案及其有效性还有待在该领域的实践者探索，但可以肯定，它们将在未来几年内在艺术历史的话语范围讨论。

2. 重新解读：詹姆斯·布莱多的作品《五眼》

2015 年，受英国维多利亚和阿尔伯特博物馆委托举办的“所有这一切都属于你”（All of This Belongs to You）展览，詹姆斯·布莱多的参展作品名称为《五眼》。“五眼”是一个由五个讲英语的国家（澳大利亚、加拿大、新西兰、英国和美国）组成的情报联盟。

詹姆斯·布莱多在这个作品中使用了一个复杂的系统。这个系统不理解博物馆的收藏是什么，或新闻故事到底是关于什么的，但它理解所有这些都包含一组关系。这些关系由标签体现，共享多个标签的对象之间具有某种关系。通过映射这些关系，我们可以绘制对象之间的连接，以及整个集合。

在与他的著作《新美学》的关系上，布莱多的作品涉及对情报收集的偏执及其在博物馆环境中的不寻常的应用。在当今世界，身体被简化为统计数据，情报机构使用特定的系统，通过标记、分类和建立罪犯与“风险群体”之间的任意关系来确定某个人的风险因素。然而，这些关系是如何建立的，它们在社会学意义上真正告诉我们什么，仍然是不可见的。大多数情况下，媒体和执法机构认为结果是理所当然的，并不会探究其过程。

作品《五眼》包括一个网站作为对这一框架的回应，用户可以在该网站上浏览收藏中的物品，并跟随它们之间的关系，还可以浏览维多利亚和阿尔伯特博物馆挂毯室中展示在玻璃柜中的物品。在博物馆中，每个玻璃箱中都有三个由系统选择的物品。参观者常常对展示的物品感到困惑，无法确定箱子中物品之间的联系。物品似乎以一种完全任意的方式聚集在一起，起初它们彼此无关。当阅读了物品的历史后，观众有时会发现一个稀疏的关系，或者继续感到困惑。实际上，制造这种困惑正是问题的关键所在，显然，对机器来说如此明显的关系，在人类的思维中并不总是能找到相同的回应。

《五眼》不仅是后互联网艺术的一个很好的例子，也是一个很好的后互联网艺术的实体性应用案例。布莱多通过在博物馆中创造与观众的体验相同的感觉，展示监控系统所产生的困惑、焦虑和武断。除此之外，该项目并没有因为展览的结束而结束，而是通过其网站在互联网上不断演化，让访问者发现无限的可能性。

3. 群体性策展

Ready or Not It's 2010 是一个快闪偶发式的活动，由艺术家团队 Jogging

组织，邀请艺术家在洛杉矶县艺术博物馆的 Facebook 墙上发布他们的艺术作品。该小组在活动前一天才发布了该活动。Jogging 团队之所以组织这个活动，是鉴于当时大多数美国艺术博物馆忽视它们在线上传播和语境化艺术的潜力。他们认为数字艺术家应该自己承担起推进历史发展的任务。即使艺术公共机构不想让他们参与谈话，但像是 Jogging 团队一样的艺术家可以把艺术机构包括在对话中，无论是否得到他们的同意。艺术博物馆的 Facebook 墙所提供的操作性，让艺术家有机会从排他性实践所授权的艺术机构手中夺回策展权。

由于病毒式传播的效果，数百名艺术家响应了这个项目，他们用自己的作品填满了洛杉矶县艺术博物馆的 Facebook 墙。没有作品的评审入围过程，或提交作品的数量和质量的任何限制。从表面上看，该项目似乎是无等级、水平向的，并对体制结构持批评立场。但从更深的层面上看，它通过要求博物馆的认可，实际上加强了博物馆的权威性。如果艺术家们想自己承担起推进历史发展的任务，他们为什么要通过一个机构来做到这一点？也许这个问题更多的是关于该项目的生存立场，而不是它的策展策略。这一点受到了评论家的批评。当观众观看展览时，他所看到的不是无等级的抵抗，反而是一种等级结构。在这种结构中，Jogging 团队像是太阳，艺术作品像行星一样绕着它运行。

这一分析虽然有一些道理，但低估了整个项目。有人可能会争辩说，如果项目是由 Jogging 团队概念化、发起，甚至命名，那么这个项目就是他们的作品，而不是任何其他人的。参与的艺术家是整体的一部分，他们的个人作品没有任何重要性。然而，这个项目并不属于 Jogging 团队，即使他们是发起者和最显眼的部分。在众包中，重要的是整体的效果和姿态。群体策展是一种匿名的姿态，它依赖于群体的智慧。此外，正如以前多次证明的那样，这也是互联网的运作方式，或者说就像是相互连接的节点创建了网络一样。匿名的差异性导致了个体身份的获得，隐藏的差异性导致显现，在整体中迷失的差异性被意识到。

互联网之后的策展则不同，因为今天每个人都是策展人、交易商、收藏家和时尚引领者，拥有喜欢和忽视的权力。在日益扩大的策展研究领域中，作家和策展人最好把他们根深蒂固的等级观念放在一边，解决这一最紧迫的问题，否则看起来就会不合时宜。

第四节　从浏览器回到画廊：网络艺术的商品化

自 20 世纪 90 年代末诞生以来，互联网艺术与博物馆的关系一直变幻无常。虽然欧洲和美国已经为媒体艺术设立了委员会和拨款，但互联网艺术在艺术机构中的出现是无规律的，这表明它尚未被主流当代艺术完全接受。

由于复制难易程度的差异，网络艺术的策展和收藏对传统的艺术发行运作提出了挑战和变革。雕塑、数字绘画、装置和行为表演作为艺术文献出现在互联网上，而动画 gif 和视频是移动的图像，需要浏览器、屏幕或投影作为重新呈现的机制。这一节追溯网络艺术的价值从浏览器到画廊的转变，并比较了过去和现在网络艺术的策展、收藏和销售的不同例子。当网络艺术面对艺术市场时，类似于以下的问题迎面而来：

- 互联网艺术能像其他艺术流派那样赚钱吗？
- 谁买互联网艺术作品？
- 作为一种可免费获取的形式，网络艺术的价值是如何被赋予的？
- 网络艺术是如何在画廊系统中策展和销售的？
- 货币化对现有分发模式和可收藏的艺术对象的定义有何影响？

作为去中心化分发的结果，当一个艺术对象的文献被复制和观看的次数多于其所代表的对象时，媒体对象就经历具体化。在从数字空间转移到可以自我组织或与专业机构合作的实体展览空间的过程中，基于网络的艺术产生了展览价值。对实体来说，有一种意想不到的可靠性和期望来证实一件作品，或者给媒介的短暂性一些在画廊中的归属感。

商品化发生在实体画廊空间中展览的数字媒体对象的实体表征中，其中基于屏幕的媒体成为视觉消费和凝视的文化对象。将传统的销售方式与艺术家举办的另类展览相比较，我们会看到网络艺术在计算机界面之外的价值创造。特别是光韵的概念，以及从自由分发到空间化的、可销售的商品的转变，体现了网络艺术价值的变化。最后，将讨论网络艺术货币化的最有效方法不是通过出售数字对象的物理模拟物，而是通过将购买过程与艺术作品的完成进行语境化的整合。

一、艺术和文化价值

关于当今互联网艺术的构成有很多定义。互联网艺术也被称为“网络艺术”（早期称为 net.art），它已经发展成为一种多元化的实践，不仅以网站的形式出现，还以直播表演、软件修改、在线游戏和应用程序、匿名人物、图像收集和数字成像等形式出现。网络艺术的定义并不局限于网站，它还包括了预先存在的非技术媒体，如行为表演。它不仅涵盖了基于浏览器的艺术或更严格的“基于网站”的艺术定义，还涵盖了发生在其他类型的软件中的艺术，不同类型的时间框架中的艺术，以及以站点为锚定的艺术的个体存在。除了评论网络文化和技术对日常生活的影响，网络艺术实践利用互联网作为艺术传播的主要语境。

媒体艺术史学家和策展人认为网络艺术是反机构的，因为它最早的艺术家选择互联网来提供一个在画廊环境之外免费接触艺术的机会。那时网络艺术是独立于博物馆运作的。新媒体艺术的特征已经引入了从对象到过程的转变，数字艺术抵制对象化，并改变了艺术对象的传统观念。这些原则在 1999 年网络艺术家阿列克谢·舒尔金和娜塔莉·布克钦的指导性的网络艺术宣言中得到了呼应。他们对网络艺术的定义坚持认为，这种类型将绝不妥协于传统的发行和机构的运作模式。然而，随后两位艺术家都自嘲地指出，网络艺术长期成功的关键包括参与实体博物馆空间的在线和当代艺术活动。对于网络艺术家来说，博物馆和画廊总是很有价值的展览场所，因为任何展出的作品都与更大的艺术世界中的具体机构有联系。除了将艺术家的作品提升到经典地位的可能性之外，艺术家的作品的受众是去画廊的观众，而不是分散的、漫不经心的互联网用户。正是博物馆的阙值赋予了艺术作品观众沉思的空间。

近年来，学者们使用后互联网状况来描述艺术，因为互联网已经变得更加必要和平庸，而不是一种新技术。这些作品不像 20 世纪 90 年代后期网络艺术作品，那时主要是明显的代码和信息架构的形式主义游戏。如今，新兴艺术家更愿意在画廊展出，而且他们大多在艺术机构接受过培训。他们正在修改艺术作品，以适应实体空间和网络空间中不同的呈现语境。这表明互联网是艺术作品公共传播的主要媒介，但也意味着在线下环境中展出的可能性。

通过泡沫塑料、视频静态图像的直方图曲线、自动曝光、彩色数字指纹等，奥利弗·拉里克（Oliver Laric）和阿蒂·维尔康德（Artie Vierkant）的作品探索了数字索引及其对象表征的不固定属性，展示了图像的版本化以及在线和实体展览环境的理念。阿蒂·维尔康德的作品 *Monochrome Arc*①是自动曝光的视频静帧，被转换成数字打印的雕塑。它们的形状和结构象征性地参照了原始图像中的直方图。引用不同的展览模式，从实体画廊到“纯粹在线”惠特尼博物馆，多变性意味着虚拟对象在不同表现形式之间的流畅过渡。同样的作品可能以装置、投影或在信息亭设置中展示。拉里克和曼诺维奇将为画廊改编艺术作品的过程称为版本化；意大利艺术

① http://artievierkant.com/histograms.php.[2023-01-10].

评论家和策展人多梅尼科・夸兰塔则称之为“转换”。

传统上，西方艺术标准赋予艺术作品作为艺术的文化价值，是通过对它在特定的时间和空间中，作为一个独特的、完成的对象的有效体验。德国思想家沃尔特・本雅明（Walter Benjamin）使用“光韵”来描述原创艺术对象的审美存在。马克思主义学者卡罗尔・邓肯（Carol Duncan）将博物馆中艺术观众的社会化代码与世俗语境下的宗教仪式进行了比较。这是一种公民仪式，精心制作的对象经过深思熟虑的安排，供安静的沉思和超然的观看。在《机械复制时代的艺术作品》（*The Work of Art In The Age of Mechanical Reproduction*）中，本雅明警告说，机械复制将导致光韵的丧失，一种日益分散的观察模式，以及真实性的丧失。在谈到完整的艺术作品的概念时，对策展和销售新媒体艺术的一个常见抱怨是它缺乏“物性”，物理性和时间上的稳定性。互联网上基于屏幕的免费信息的传播挑战了有形性和独特性的概念。1988年，美国电影理论家比尔・尼科尔斯（Bill Nichols）写了一篇尖锐的文章回应本雅明的观点，题目是《控制论时代的文化作品》（*The Work of Culture in the Age of Cybernetics*）。尼科尔斯认为，计算机不仅仅是一种工具，也是一种图标和隐喻，将从根本上改变人类的主体性。之后，多梅尼科・夸兰塔提到了光韵以网站的形式重新出现和对它的再思考，以及在展览的语境下策划其内容。[①] 他和艺术评论家鲍里斯・格罗伊斯（Boris Groys）都注意到，光韵不会因为图像的数字化而被破坏，因为每个图像或媒体对象都有一个特定的代码供计算机解码，以便图像出现在计算机屏幕上。因此，原创图像的代码本质上是一种“不可见的原创”，由于其复制的无限可能性而变得不可见。此外，数字文件同样是“真实的”或物质的，因为它们被格式化为占据硬盘和服务器空间的文件，

① http: //artpulsemagazine.com/the-unbearable-aura-of-a-website-originality-in-the-digital-age.[2023-01-10].

这需要电缆和计算机来显示它们。

夸兰塔认为，网站的域名有一个特定的位置，任何人都可以通过电脑或联网设备同步访问。如果没有原作的概念就没有复制品，那么数字艺术通过复制品的大量传播而成为艺术的实体。奥利弗·拉里克在他的视频论文《版本》(*Versions*)[①]中描述了在数字媒体普及之前和之后，对日常媒体中发现的图像进行的灵活而可信的操作。在他的视频作品中，在古典雕塑的图像上，一个机器人女性的声音说道："图标的倍增非但没有稀释其内容的力量，反而增加了其知名度，每一幅图像无论多么不完美，都按照惯例具有其前身的特性。"后来，奥利弗·拉里克在博物馆装置作品*Kopienkritik*中，安排了许多造型相似的古希腊罗马风格的雕塑。该装置以复制为主题，以挪用为类型，强调了概念原创的力量及其在艺术中的使用。他对这些对象的策展是一种评论，即历史学家在分析历史上的艺术真迹时，有时也无法区分罗马复制品和希腊的原作。无处不在的复制也是工业资本主义时代作品的外在表现形式，仿真取代了任何先前的现实、光韵和历史参照物。文本的概念本身，无论是唯一的还是无数副本中的一份，都会发生贬值。当副本开始与现实融合，副本开始代表概念时，艺术文献就变得像艺术作品的实体版本一样真实，也像它在现实生活中的展览一样真实。我们，作为控制论的主体，已经变得足够成熟，认识到中介的机制和偶发性，将文献视为艺术，并期待艺术的表征作为文献。

由于他们依赖网络技术来传播和创作艺术，网络艺术家从一开始就对技术的意识形态和经济决定因素有着固有的批判态度。20世纪90年代末，为了破坏网络日益商业化的本质，伊娃和弗兰科·马特斯（0100101110101101.org）在1998年复制了Hell.com、Jodi.org和Art.Teleportacia.org等网站。他们将复制的网站托管在自己的域名下，这引起了媒体对互联网上商业和公

① https: //listart.mit.edu/exhibitions/oliver-laric-versions.[2023-01-10].

共财产定义的关注。从 1998 年到 1999 年，这个艺术团体创建了一系列网站，从他们的同行的网站那里挪用代码和内容。他们将这些再媒介化的作品命名为《混合体》(*Hybrids*)。尽管在一个网络化的公共领域挑战着作者身份的概念，但他们的批评的有效性依赖于观众熟悉他们同行的网站作品，这样观众才能识别出对他人网络艺术的再挪用。目前，因缺乏可识别的美学参考或对其他网络艺术家的知识的缺乏，使他们的方法变得多余。此外，他们的同行的网站也改变了布局，从而使嵌入式代码的阅读脱离了语境。因此，对今天的在线观众来说，这些作品看起来像是一件件典型的 20 世纪 90 年代的网络艺术作品。尽管如此，他们的项目引发了网络经济中知识产权的冗余。任何张贴在互联网上的作品都将成为公共领域的一部分，因为任何拥有电脑的人都可以访问。

为了适应不同媒体在其自身技术限制下的展示，大型文化机构和艺术经济体已经做出调整。白色立方体般的画廊、黑匣子般的电影院或博物馆通常是观看电影、录像、摄影和装置等现有的媒体艺术类型的基本场所。因此，安装媒体的技术设备强调的是引导媒体的技术设备的通用性和冗余性。这些物理表征工具是展览的子内容，它们在很大程度上决定了观众如何看待基于屏幕的作品。例如，在媒体信息的接收和呈现已经融合到平板液晶显示器上的时代，使用四四方方的 4∶3 比例的电视机会使得作品看起来更像是 20 世纪 70 年代的视频装置。

现居纽约的艺术家安东尼·安东内利（Anthony Antonellis）的作品《把它放在基座上》(*Put It On A Pedestal*) [①] 诙谐地挑战了原创、副本和再现对象和美学的观念。在画廊白墙的背景下，艺术家为用户提供了一系列动画图标和浮动的数字对象，它们可以自由组合在各种形式的、通用的画廊家具上，如基座和玻璃展柜。正如拉里克的罗马雕塑装置作品一样，在安东

① http://www.putitonapedestal.com/.[2023-01-10].

内利的作品中，可移动的数字化的和古典的对象评论了古典主体的模因价值，以及它们的生产是如何基于对副本的复制。

二、是否交易：从屏幕到画廊的展览装置

自从数字艺术进入博物馆和画廊以来，在线艺术社区的成员在如何展示和销售数字艺术的问题上一直存在分歧。虽然一些艺术家坚持认为数字作品只能在网上和基于屏幕的语境中展示，但其他人热衷于将数字艺术的美学和方法与主流当代艺术相融合。前者认为数字艺术只能以计算机为基础进行呈现；没有计算机的表征性潜台词，就没有网站可以展示。依据这样的观点，数字艺术的互动性和短暂性常常使其内容与展览惯例相悖。但矛盾的是，在一个令人信服的现实环境中不受阻碍的移动是最适合吸引画廊的观众的。这种沉浸式和漫游式的展览通常是通过集成来实现，将装置或响应式媒体与在技术上和财务上都有能力容纳此类装置的大型机构整合。例如，在一些艺术展览中，会在视频装置前安放有野餐桌、沙发、航空座椅和床等与作品内容语境相关联的家具，以吸引观众花更长时间观看投影的视频内容。

在 nettime 邮件列表上，网络艺术家和策展人曾抱怨在 1997 年的卡塞尔文献展期间，台式计算机上的网页装载缓慢。不过，如同办公室一样在独立的休息室空间内安放台式电脑，与当代艺术展览产生了共鸣。作为非正式的社交式展览，网吧为艺术家们提供了一个休闲的、与网络相关的会面场所。

1. 有史以来售出的“第一件”网络艺术品

在网络上搜索第一件售出的网络艺术作品，会得到很多混淆的结果。最早的例子之一是斯洛文尼亚数字艺术家特奥·斯皮勒（Teo Spiller）售出的网站作品 *Megatronix*。[①] 1999 年，卢布尔雅那市立博物馆的买主亚历山

① http://spiller.si/new-york-times/.[2023-01-10].

大·巴辛（Alexander Bassin）以约合500美元的当地货币买下了这幅作品。在关于该主题的一次讨论中，该网站的广告收入和网站销售以及维护服务的归属问题没有明确界定。斯皮勒同意博物馆在网站的首页放置横幅，以表明卢布尔雅那市立美术馆对这个网站的所有权。然而，这种品牌化的存在可能会在美学上损害其作为艺术的解读，并中断对这个网站的典型的在线体验。现在依然能在网上看到此事件的新闻文章和会议新闻，证明了交易的发生。但该网站作为独立的艺术作品，在互联网上已无法访问。

2002年晚些时候，古根海姆美术馆收藏了形式主义的网络艺术作品，如新媒体艺术家约翰·西蒙（John F. Simon）的《每个图标》（*Every Icon*，1996）①。为了这幅作品，西蒙编写了一个基于Java的算法，将白色方块中的每个元素转换为黑色，反之亦然。然后，他以每份20美元的价格出售唯一版本的代码，并在出售的每个版本中附上一份真品证书。这些作品可能会吸引艺术史学家和收藏家，因为它们与形式主义绘画和20世纪70年代的观念艺术产生共鸣，后者关注语言作为创造性生产的起点。在《每个图标》中，编码提供了转换的每一种可能性，使其成为一项不可能完成的任务。这让人想起观念艺术家索尔·勒维特在他的作品《红色方块，白色字母》（*Red Square*，*White Letters*，1962）中，视觉和文字双关语的冗余。遵循艺术家-买家合同的另一种当代方法是由荷兰裔巴西视觉艺术家拉法·罗森达尔（Rafaël Rozendaal）完善的。他创建了“艺术网站销售合同”，并与在线艺术社区分享了他自己版本的网站销售合同。*Megatronix*和《每个图标》的销售都笨拙地将传统的收藏和销售模式强加到数字作品上。在《每个图标》中，艺术家选择对可复制的艺术对象进行定制编码，以强化创作代码所带来的智力的艺术劳动是物有所值的这一观念。因为它是可变的和可复制的，所以西蒙以非常低廉的价格出售它。与此同时，和所有

① http://www.numeral.com/appletsoftware/eicon.html.[2023-01-10].

其他艺术作品一样，*Megatronix* 在出售时也附有所有权条款。然而，存在于网络上的艺术的短暂性没有被考虑。买方没有预料到与网站存档和保存有关的问题，这可能导致网站最终无法使用。在这种情况下，出售一件网络艺术品会贬低其地位，并可能缩短其作为艺术作品的寿命。

1999 年受 Ars Electronica 委托，爱德华多·卡茨（Eduardo Kac）创作的《创世纪》（*Genesis*）[①] 是一个体制化的网络艺术作品的早期范例。这个沉浸式生物发光细菌装置作品由投影和声音组成。卡茨预先编写了一个合成基因，能将圣经中的句子翻译成莫尔斯电码，然后再翻译成 DNA 碱基配对。一台连接到互联网的电脑广播了该项目的进展，并允许远程观众评论细菌的生长情况。该装置首次在奥地利林茨的 O.K. 当代艺术中心展出。最终，芝加哥一家画廊将其标价为 150 000 美元；同时，作为这个装置作品一部分的雕塑对象，加密石，以每件 13 000 美元的价格出售。

2. 失效的链接

“失效的链接”或原有的网页不可用，原因之一是它们与较新的浏览器技术不兼容。虽然有多种尝试来存档和保存旧网页，但在不断升级和创新的网络文化中，失效的链接和冗余是不可避免的。尽管像“互联网考古学”（Internet Archaeology）和“回溯机器”（Wayback Machine）这样的项目保存了早期互联网文化中的数字艺术品，但是如果网站设计者或艺术家不将他们的网站移植到较新版本的浏览器上，链接的失效是不可避免的。在这种情况下，光韵的另一个论点可以应用于技术的特殊性和通用性，这个技术正是有效显示网站及其媒体内容所需的。一个在线项目或展览从一开始就不会受到机构框架的约束，而是存在于一个更广泛的网络中，在其中机构的控制往往更加分散。一旦因为基于浏览器的较新技术、升级的应用程序插件以及网络开发代码的新用途和冗余所导致的技术过时，基于网络的

① https: //www.ekac.org/geninfo.html.[2023-01-10].

作品就再也无法访问。这将导致死链接，或者仍然能展示的作品的语境的丢失。

三、基于互联网的机构：虚拟画廊

自 20 世纪 80 年代末以来，网络艺术家们一直努力以网站画廊的形式收集和展示作品。在线画廊要么借用了现有博物馆的惯例，要么以一种完全非机构性质的方式运作。在电子商务蓬勃发展的十年前，艺术家兼制片人卡尔·雷夫勒（Carl Loeffler）和特德·卡克（Ted Truck）于 1986 年创建了 Art Com Electronic Network。它总部设在旧金山，是最早为艺术家提供电子出版物和邮件系统的服务网络之一。它甚至有电子的艺术购物中心和画廊。这个网络最初是电子公告栏系统 WELL（Whole Earth Lectronic Link）上的一个邮箱。它还对网络艺术的访问开始收费。1996 年，网络艺术家奥莉亚·利亚利娜创办了网站“art.teleportacia.org”。这是首批在线画廊之一，展示和销售 20 世纪 90 年代计算机文化和浏览器所特有的艺术作品。这个网站依然可以有效访问，视觉上依然保留着在今天看来是 20 世纪网络所独有的复古风格。在这个网站上我们还可以找到 1998 年的名为《英雄时代的缩影》（*Miniatures Of The Heroic Period*）的网络艺术收藏[①]。

2004 年，蒂姆·奥莱利（Tim O'Reilly）创造了术语 Web 2.0，用于描述一套新的和已有的技术，这些技术增强了在线环境下的由用户生成内容的体验。此后，国外如 Facebook，国内如微信等社交媒体的普及似乎激发了网络艺术家使用这些平台进行艺术生产和传播。不久，新兴艺术家开始利用社交网络进行表演、策展和艺术传播。由日裔美国艺术家帕克·伊藤（Parker Ito）和美国高级媒体档案员凯特琳·丹尼（Caitlin Denny）策划的 *JstChillin* 项目是一个自我组织的在线策展项目的例子。一年来，这个策

① https: //www.teleportacia.org/exhibition/miniatures/.［2023-01-10］.

展团体在其索引页上每两周推出一个不同的网络艺术家的作品。他们使用社交媒体共享网站来推广和吸引以类似方式使用互联网的新兴艺术家。他们挑选的大多数艺术家创作了关于网络美学、在线友情和琐碎的数字互动的作品。这个项目的高潮是在纽约一家由艺术家经营的空间 319 Scholes 举办的“读 / 写”（READ/WRITE）画廊展览。虽然多元化的风格适合互联网的非正式环境，但许多画廊版本的数字艺术作品似乎是互不相关的装置和现成物雕塑的组合，与它们的“原始”数字语境和对应对象没有什么关联。来自和关于互联网的艺术开始看起来像画廊里的其他当代艺术作品一样。

虚拟博物馆：采用在线展览模式的机构

在 20 世纪 90 年代末至 21 世纪初，一些在大型文化机构工作的策展人投入到策划、收集和保存数字媒体艺术作品的工作中。接下来将是一长串不完整的名单，列出那些对网络艺术商品化至关重要的名字和附属机构。每个人都有自己的理由将博物馆内的基于网络的作品空间化；有些倡议是独立发起的，有些则得到了机构的赞同。

在一些主要机构的支持下，媒体艺术学者乔恩·伊波利托（Jon Ippolito）和纪录片学者阿兰·德波卡斯（Alain Depocas）领导了“可变媒体倡议”（Variable Media Initiative）项目。此项目的目的是在软件过时和冗余的现实情况下保护未来对数字艺术作品的访问和展示。项目的网站试图建立一个词汇表来保护短暂的媒体艺术，通过案例研究比较现有艺术作品的特征。该网站为博物馆提供了一个框架来思考如何将艺术转换成展览和网络化的语境，以及是否需要升级软件，以便将来展示媒体艺术作品。然而，其中许多行政和研究工作需要维护。该网站多年来一直没有更新，只有一个明确的网络艺术保护的例子，即网络艺术家马克·纳皮尔的作品 *net.flag*。

由克里斯蒂安·保罗（Christiane Paul）策划的 Whitney Artport，是惠特尼美国艺术博物馆的互联网艺术门户，也是网络艺术和新媒体艺术委员会的在线画廊空间。Whitney Artport 试图在用户点击进入网站之前就介绍艺术作品。这样，在观众体验艺术作品之前就提供了策展范围和生产语境。同样，明尼阿波利斯沃克艺术中心（Walker Arts Center）的史蒂夫·迪茨（Steve Dietz）收购了本杰明·韦尔（Benjamin Weil）“äda web”网站，以汇总一系列网络项目。在加拿大，Daniel Langlois 基金会授予新媒体艺术家 10 000 ~ 100 000 加元用于数字艺术项目的生产、研究和保护。在英国，泰特美术馆于 2000 年开始在网上委托和展示艺术作品；艺术家们被邀请提交提案，由机构把关人组成的评委进行甄选。2002 年，他们发起了一个永久性的网络艺术项目，每年委托两位网络艺术家创作作品。

另外，根茎网（Rhizome）最初是新媒体艺术社区成员的邮件列表，最终被纽约的新美术馆（New Museum）收购。该组织于 2001 年开始其委托计划。成功提交的作品由其在线成员和机构领导人组成的评委投票决定。根茎网由最初的邮件列表发展成为内容聚合器或新媒体艺术的收集、新闻、评论和分发平台。它的社区艺术门户网站对所有注册会员开放，让他们提交作品。之后收藏经理会将作品保存到他们的公共数字档案馆 ArtBase 中。就像“可变媒体倡议”项目一样，ArtBase 也包括一份针对艺术家和策展人的调查问卷，用户可以标记并输入关于他们作品的技术信息，以便在提交给 ArtBase 时易于在网上找到。

四、图像的聚合和分发

在线图像收集和艺术博客增强了基于网络的艺术作品的膜拜价值和展览价值。用图片交流的做法来自选择在“冲浪俱乐部”（surf club）网站和论坛上分享图片的网友。媒体分享微博允许用户使用元标签和转发功能对找到的媒体进行分类和评级。艺术文献的去语境化、基于屏幕的表征形式是图像流，或者是缩略图网格，给图像注入了一种转换后的光韵。

也许，网络文化和将图片视为流、共享 URL 的缩略图或悬停预览的形式有一种膜拜的价值。在探究光韵与传统的和数字化的形式的关系时，吉恩·麦克休注意到沃尔特·本雅明从未提供过光韵的具体定义。然而，他认为本雅明描述的与观看原创艺术作品有关的“装饰光环”并非源于艺术作品的历史和永恒之美，而是源于其线性社会历史的基本概念。这包括它在哪里展览以及谁拥有、购买、出售和处理它。无论尺寸大小和质量如何，互联网上艺术文献的存在证明了艺术作品的原始想法已经被安装在实体空间的某个地方，从而赋予了艺术对象在发行中的权威性和有效性。

在机构的艺术博客网站上，艺术家只是策划和收集艺术作品及其文献，很少或没有话语的维度。美学的术语取代了意识形态的连续性，成为图像策划和社区形成的基础。策展的凝聚力是由观念和美学惯例决定的。例如：克里斯平（Crispin）的作品 *Greek New Media Shit* 中对古希腊文化的讽刺性引用；里·大卫·布莱德利（Ry David Bradley）的作品 *PAINTED*，*ETC* 所表现的计算机文化中的绘画血统。计算设备上的小程序微件艺术画廊（Widget Art Gallery）以类似的模式运作，但以非营利为基础，通过策划便于计算机和智能手机访问的作品，适应了移动设备上基于浏览器和屏幕的图像所呈现出的流动性。

在德国卡塞尔举办的“documenta X”的网络艺术部分，它的网站在链接到作品的标题页之前会有一个包含策展文本的网页。这个页面将显示艺术家的信息，并包含一个外部链接到该网络艺术作品网站。虽然在当时，对网络艺术的实体展览的网络模拟是创新的，但与当代虚拟画廊页面相比，那个网站的广泛而深入的信息架构是笨重的。由于没有文字标签，导航工具栏图标也很小，难以辨认。除了用户需要点击大量嵌套页面才能看到每个网站外，该设计也会阻碍观众返回展览网站。

在艺术批评方面，独立且声誉良好的艺术评论博客通过转发和引用现有的艺术实践，提供非正式的评论和图片发布，以加强网络艺术的展览价值。这种类型的博客由活跃于互联网艺术社区的当代艺术家运营。这些网站的存在形成了另一个产生品位和艺术传播的场所。虽然没有像博物馆或美术馆那样的大型评审委员会，但这些媒体聚合网站画廊明显的匿名性和专业性使它们看起来像是艺术机构一样。

五、和谐的美学

学术界和艺术界对使用 Web 2.0 发布平台的反应各不相同。新兴的后 Web 2.0 网络艺术家热衷于去语境化的媒体的流通，以此作为重新考虑艺术生产实践的一种方式。艺术能够接触到更多更特定的观众，而特定的品位可能会被感兴趣的订阅用户所理解。Web 2.0 技术的出现使艺术的发行逐渐大众化，从冲浪俱乐部类型到使用媒体聚合在线服务，像微博等媒体聚合网站所允许的多对多分享建立了图像策展的方法。这种方法取决于其他艺术家的内容形成的网络，一种同行意识的艺术生产的默契开始出现。

在画廊展览自己的作品一段时间后，在互联网上已有追随者的艺术家可能会获得机构认可。网络艺术历史学家和评论家约瑟芬·博斯玛以 2002 年的一个较老的网络艺术收藏网站为例，对这种民主把关的观念提出了挑战。由多伦·戈兰（Doron Golan）创办的“Computer Fine Arts”是一个网站，提供按字母顺序排列的互联网艺术家的作品链接。博斯玛质疑用户的艺术收藏是否对其所处的在线社区之外的其他人有价值。虽然任何人都可以通过在微博平台上分享媒体来发展独特的策展愿景，但它的存在并不能保证其他用户成为观众或订阅者。不是每个网络艺术家都使用微博或视频网站。虽然 Web 2.0 可能增强了协作和用户生成的实践，但早期网络艺术中邮件列表、论坛和公告板系统地去中心化所产生的影响被忽视了。

由于社交媒体为每个用户提供了增强的个性化的媒体消费感，公共领域在互联网上以碎片化的方式存在。也许后 Web 2.0 用户一代已经不可逆转地将主体性转移到了一个无实体、无空间、无地点的位置。如果这是当代网络艺术家的情况，那么去语境化的内容管理实践是有问题的，因为不加批判的、奇怪的媒体的转发可能会引发一波无礼的潮流。换句话说，无所不在的非论述的艺术博客可能只服务于一个小众的观众群体，他们对一套狭隘的惯例感兴趣，从而造成审美的同质性和偏狭性。这样，用户生成的在线画廊的同行验证就面临着网络艺术自我边缘化的风险，而不是提升每个作品。随着用户可能会快速浏览图像聚合博客上的大量媒体内容，注意力持续时间会减少，视觉伦理也会下降。

网络艺术家经常通过在网络社区内外对项目的 URL 点赞和分享来衡量社区对网络艺术的反应。在网络环境中，关注和同行认可是自由访问媒体的通行方式。在重新审视网络艺术的本雅明式的光韵时，麦克休注意到，艺术作品不仅通过其复制的出处、复制和社会交易，而且通过其在较小的利基社区中的散布而获得权威性。网络艺术作品的光韵不一定只是基于其大众文化的传播，而是通过大众传播和通过较小的，由网络艺术家和网络艺术爱好者组成的社区的传播，是两者的结合。持续贡献内容并拥有较长内容策划历史的用户可能会成为其同伴网络的意见领袖。借用两级传播理论的逻辑，同伴或朋友更有可能去看受尊重的同伴所认可的链接。

在社交媒体上，点赞是互联网非正式空间中快速和非话语倾向的延伸。拉法·罗森达尔的 *Pleaselike.com* [①] 作为一件艺术作品，展示了在线艺术社区中点赞的非特异性。虽然点赞数量并不表明艺术作品内容的质量或复杂程度，但这个作品发布后不久在社交媒体上获得大量的点赞、评论和分享。这提高了作品网站依据算法而获得的排名位置和它的新闻价值。点赞一件艺术作品并不一定因为它的具体内容，但用户这样做是表达一种公众的支持。因此，有更多的分享数量的帖子会增加一个艺术作品 URL 到达受众的概率，这是一种间接的“播种”社会艺术资本的方式。

① https://www.newrafael.com/please-like-com/.[2023-01-10].

六、展览实践的其他选择

除了临时性的展览项目，网络艺术展览的实体空间已经在世界各地涌现。它们都模仿了传统的白立方空间，同时为新兴的网络艺术家提供了展示网络作品的场所。这些空间通常是自筹资金，似乎只是为了展示而存在，而不是出售艺术作品。在这里，这种展览的价值通常是社会性的，而不是为了盈利。这种展览就是网络艺术早期所谓的面对面会议的场合——现在则被称为现实生活中的会议。除了建立人脉关系，在世界各地的展览中展示过作品的艺术家们可以将这个活动添加到他们的履历中，而无论展示地点在何处。

由于远离大型艺术机构的官僚运作，自我组织的展览创造了一个非正式的社会展览环境，未完成的作品可以非常规地安装在这里。一些展览需要参展艺术家自行解决展示数字作品常用的设备，比如投影仪。这种自组织方式的展览也被称为“自带投影仪”展览。这样的展览也常缺少传统画廊中的家具，比如展柜等。因此，观众有时会看到非常规的、来自日常生活用品的替代性展览家具，比如展示网络艺术作品的笔记本电脑被放置在包装箱上。展览的标题也会受到网络文化的影响，这反映了策展人大众化的策展策略，即把重点从新媒体的技术层面转移开，提供了一个有吸引力的和挑衅的视角来看待网络艺术。

2001 年举办的第三届波罗的海国际研讨会的主题是策展新媒体，是对早期网络艺术展览的策展形式的反思和不满。在这个网络艺术家和策展人的首次学术聚会上，就网络艺术装置的不足之处进行了辩论。以前的策展错误，比如在一整面墙投影或电脑屏幕上呈现多个页面，在当时被许多艺术家所反对。

然而，这种装置决策在之后的“自己动手”式的社交展览形式中继续看到。这激发了一个在网吧举办非正式展览的全球性组织。拉斐尔・罗森达尔（Rafael Rozendaal）也发起了“自带投影仪”形式的展览，由艺术家在一个开放的室内空间用投影仪展示他们的作品。这种非正式的展览策略表明，与博物馆美术馆的要求相比，装置作品的标准更为宽松。艺术家可能会被吸引参加这样的展览，以使他们的作品与非正式展览思潮一致，或者与区域性社区中的艺术家建立联系。

对于像“自带投影仪”这样的展览，并不是策展人，而是“发起人”的认证将附在活动的所有宣传材料上，如新闻稿和社交媒体上的文本。在这种先锋式的展览形式中，虽然新兴艺术家会从与知名艺术家共同展出作品受益，但无论展览每一次的呈现在策展主题和地点上有何不同，组织者对一个普通的展览概念的原创权都会不断回归到这两位艺术家身上。这种活动使得区域性的网络艺术家在活动举办地的城市会面，但“自带投影仪”展览由于其作者身份和与特定群体的关系而成为有特许权的展览。此外，对“发起人”的自觉的引用，在固有的去中心化的作者身份的观念和定义网络艺术的匿名的观念之间产生矛盾。

七、物化网络艺术

将数字艺术实物化，并使其变得可触摸和可销售的能力引发了人们的疑问。即一种以开源计算机程序员的社区伦理为中心的艺术流派，是否已经失去了最初使其令人兴奋的优势。网络艺术的货币化既是一种祝福也是一种诅咒。一方面，它在机构中的出现将有助于形式的自主性，使其在主流当代艺术市场中存在和具有价值；另一方面，网络艺术家可能会在压力下修改或创作为大型机构展示的作品。

在第一批网络艺术作品进入博物馆、艺术博览会和双年展之后，艺术家们迎合了一场关于技术对艺术影响的策展对话竞赛。与 Jodi 将展览语境视为渗透博物馆僵化的分销系统的机会不同，评论家认为网络艺术保持免费并与艺术市场分离的原始冲动已被追求名利的行为所玷污。当代艺术家比以前更加开放地出售数字艺术品。然而，自筹资金展览的乌托邦愿景和商业化实践之间的紧张关系仍然是在线艺术社区争论的一个持续性话题。

最近一个与艺术对象的字面概念有关的例子是露西·钱恩（Lucy Chinen）和艾米莉·格尔维斯（Emilie Gervais）的“artobj（ect）-cult（ure）”展览。这两位艺术家创建了这个在线场所，并邀请网络艺术家创作可销售的数字作品，策划图片和出版物，在主页上出售。在这里，展览结合了店面，参考了在大城市出售艺术家作品的实体店的形式。虽然在概念上具有讽刺性和怪诞性，但展览项目在观念创新方面存有新意。销售有形的产品可能与普通的网上购物体验没有什么不同。在这里，为“数字光韵”付费之后，可以预期获得一个实体对象。

八、数字艺术货币化的实践

基于浏览器的数字艺术作品的有效盈利方式是，网站作品需要将金融交易作为其过程和产品。这种货币化方式与艺术经济和艺术激进主义的线上和线下实践都息息相关。过去的一个这样的例子是 Etoy。Etoy 是一个瑞士的艺术团体，把他们的网站作为一个企业社会雕塑。怀着以压倒一切的数字专业精神渗透日常生活的意图，他们在 1994 年创建了这个网站，出售具有文化价值的股票。Etoy 的网站在设计中运用了企业美学来讽刺网络公司运营的利润驱动机制。用户被邀请输入一个任意值，作为在网站上投资“文化价值”的份额。

金·阿森多夫（Kim Asendorf）和奥勒·法赫（Ole Fach）创建的网站“GIF MARKET”是一个出售不讨人喜欢的数字产品的当代例子。该网站在白色背景上显示 1 024 个像素化的 gif 网格。界面上的“订购”按钮邀请用户通过在线支付方式从网页上购买任意数量的 gif 图像。这些图像并不引人注目，事实上，gif 图片中移动像素的数量在网站顶部附近开始减少。阿森多夫和法赫在解释他们为什么做出一系列枯燥乏味的 gif 图时，讽刺地扩展了唯一编码的概念："GIF 动图显示了一条黑线，它标记了围绕它旋转的 1 像素大小的粒子的中心。#1 是最独特的，它只有 1 个像素在飞，因此价格最贵……价格是通过这个公式计算：价格 = 销售额 / 数量 *16。所以每次销售都会提高价格，最后，#1 的价格将达到 16 384.00 欧元。"①

这个项目的价格系统参考了股票市场系统，网站每售出一个 GIF 动图，较高行中的 GIF 动图的价格就会增加。售出的 GIF 动图下面会有赞助商选择的名称和词语，这些都可以链接到赞助商的网站。这可能给网站的新访客一个第一印象，即那些名字与 GIF 动图联系起来的资助者就是动图的创作者。另外，访问者有机会加入资助者的社区。网站中加入简单的 GIF 动图表明，阿森多夫和法赫并没有通过美学的吸引导致观众的购买。实际上，他们要求观众推测在网站的特定部分购买数字对象的预期收益。如果网络艺术家购买了靠近顶部的 GIF 动图，他可能会从网站的反向链接中获得更多相关流量。很快，"购买"了 GIF 动图的艺术家们开始将旋转的像素化动图再次挪用为自己的动图。尽管副本依然是可复制的，但这是价值到美学的再循环。

《一万美分》(*Ten Thousand Cents*)②是一个在线项目，它将马克思主义对后工业经济的批判严格地应用于信息社会。通过使用电商亚马逊的"Amazon Mechanical Turk"分布式劳动工具，数字媒体艺术家亚伦·科布林（Aaron Koblin）和交互设计师川岛隆（Takashi Kawashima）众包了 10 000 名互联网用户，付给他们每人 1 美分并以数码方式绘制一百美元钞票的一小部分。"Amazon Mechanical Turk"是一个众包网站，企业可以远程雇用"众包工作者"来执行计算机目前无法完成的离散按需任务。它由亚马逊网络服务运营，归亚马逊所有。雇主发布被称为人类智能任务的工作，例如：

① https: //artfcity.com/2014/05/30/the-gif-market/.[2023-01-10].

② http: //www.aaronkoblin.com/project/10000-cents/.[2023-01-10].

识别图像或视频中的特定内容，编写产品描述，或回答问题等。同样地，无产阶级工人的消费和劳动是从产品中分离出来的，用户彼此不认识，也不知道最终产品是什么。所有的绘制作品都被收集起来，以创建一张百元美钞的数字化表征。科布林和川岛隆将收集完成的作品放在网站上以每幅 100 美元的价格出售，并决定将收入捐给慈善机构。《一万美分》将过程和产品作为对数字资本主义劳动的批判，延伸了 Etoy 对企业美学和利用网络技术赚钱的相关创新的讽刺。

一个采用类似的众包逻辑来吸引捐款的平台是“Art Micro Patronage”[①]。该项目由埃莉诺·汉森·怀斯（Eleanor Hanson Wise）和奥利弗·怀斯（Oliver Wise）发起，旨在为艺术家提供与其在线观众的积极反馈，即转发和点赞等数量相符的收入。这个高度动画化的网站每个月都会展示由客座策展人汇编的数字艺术展览。感兴趣的赞助人被要求通过创建一个账户承诺向在线艺术品认捐。在这个账户中他们可以给每个点赞分配从 50 美分到 20 美元不等的价格。或者，他们也可以成为会员，会员费将在六个展览结束时用于支付艺术家的费用。我们很难推测该项目的模式在销售网络艺术方面的功效。这种模式可能的问题是，艺术家需要策展人将他们的作品介绍给这个平台，以获得分发。

这些项目令人感兴趣的是艺术家们将他们的创作实践政治化，而不是创造一个可销售的艺术作品版本。上述项目的艺术家决定使用他们的项目来确定发行和参与的条件，而不是与画廊、买家或平台合作去发行艺术家的作品。他们利用网站和金融交易迫使用户考虑他们作为所谓自由文化消费者的角色。虽然像 Etoy 和《一万美分》这样的项目可能需要观众了解生产的过程和条件，以便观众了解其表征的政治，但它们还是偏离了创造一个可供画廊出售的对象的常规过程。

---

① http: //artmicropatronage.org/.[2023-01-10].

网络艺术家和策展人与传统的展览和发行模式进行了多种方式的谈判。除了真实性和模拟的概念，数字复制允许一个概念以可变和可转移的方式存在。因为技术会被淘汰，当艺术作品是一个基于网络的版本时，它不一定会永远存在，而数字对象到模拟对象的转换使它能够进入主流的当代艺术的对话。

网络艺术的展览和销售，在过去和现在的实践中似乎并没有商品化的标准做法。一些网络艺术家展示了类似于基于网络的作品的实体对象，以便进入画廊系统并利用他们的个人品牌效应。同时，展览的真实性证书和艺术家的展览合同都遵循更传统的艺术代理模式。在线和实体空间中的、自我组织的和自己动手的展览实践，让新兴艺术家们可以尝试不同的展览形式。然而，策展人和艺术家需要对生产和展示的条件保持警惕。

最终，在从屏幕到画廊的过程中，网络艺术具有了社会和文化价值的多个维度。媒体的对等验证和点对点共享不断决定着其空间化和货币化的本土方法。没有光韵的系统，取代了直接接触的系统，其后果是对这种系统和控制过程本身的盲目崇拜。在艺术生产过程从实体到数字化的转变中，参与的过程已经成为产品和对控制论主体的迷恋。这种潜在的间接归属和参与决定了像“GIF MARKET”这样的网站，作为一个网络艺术作品货币化和批判视觉消费经济的平台的消费吸引力。虽然不应该有绝对的开源政策来分发基于网络的艺术，但意识到互联网服务的运作和局限的艺术家，通过在他们的作品中承认这一点，应该会获益最多。

从屏幕到画廊，媒体对象变成实物和装置，然后变成文献。网络艺术的观看和消费很可能在私人化的网络浏览体验中产生更大的潜力，但是网络艺术的空间化激发了人们在屏幕之外看待网络艺术的新方式。或许用光韵和真实性来评价无处不在和可复制的媒体对象的展览和销售，是过时的概念。因为光韵的概念是社会构建的。虽然艺术在媒体共享平台上的流通增强了其展览价值，在社交网络上的社区反应增强了其膜拜价值，但艺术家和策展人在版本化或销售基于网络的艺术作品之前，应考虑所有可能的分发和展览语境。

将货币化融入艺术生产过程中，可以让观众思考展览和拥有一件网络艺术作品的意义。如果没有计划在实体空间中对媒体进行符合语境的转换，网络媒体就会面临失去“数字光韵”的风险，或者失去对网络文化及其代理和控制的冲突潜台词的引用。换句话说，当基于网络的艺术看起来与数字时代无关时，画廊里看起来不再像网络艺术的网络艺术，而是名副其实的后互联网时代的艺术。

参考文献

[1] 格林 . 互联网艺术 [M]. 上海：上海人民美术出版社，2016.

[2] 格林伯格 . 艺术与文化 [M]. 沈语冰，译 . 桂林：广西师范大学出版社，2015 ：188.

[3] 李钢 . NET.ART 审美文化视域下的网络艺术 [M]. 成都：西南交通大学出版社，2015.

[4] 尼古拉斯・伯瑞奥德 . 关系美学 [M]. 北京：金城出版社，2013.

[5] 列夫・马诺维奇 . 新媒体的语言 [M]. 贵阳：贵州人民出版社，2020.

[6] 鲁道夫・弗里林，迪特尔・丹尼尔斯 . 媒体艺术网络 [M]. 上海：上海人民出版社，2014.

[7] 马歇尔・麦克卢汉 . 理解媒介：论人的延伸 [M]. 南京：译林出版社，2011.

[8] 列夫・曼诺维奇 . 新媒体的语言 [M]. 车琳，译 . 贵阳：贵州人民出版社，2020 ：6.

[9] 埃里克・麦克卢汉，弗兰克・秦格龙 . 麦克卢汉精粹 [M]. 何道宽译 . 南京：南京大学出版社，2000 ：443-444.

[10] 伯瑞奥德 . 关系美学 [M]. 黄建宏，译 . 北京：金城出版社，2013 ：6.

[11] 戴安娜・克兰 . 先锋派的转型 [M]. 常培杰，卢文超，译 . 南京：译林出版社，2019 ：16.

[12] LEMOS A.Post-mass media functions，locative media，and informational territories ：new ways of thinking about territory，place，and mobility in

contemporary society. Space and culture，2010，13（4）：403–420.

[13] Davies，David. Medium in Art. In The Oxford Handbook of Aesthetics，edited by Jerrold Levinson，181–91. New York：Oxford University Press，Incorporated，2005.

[14] Carroll，Noël. The Specificity of Media in the Arts. The Journal of Aesthetic Education 19，no. 4（1985）：5–20.

[15] Greenberg，Clement. Art and Culture：Critical Essays. Boston：Beacon Press，1984.

[16] Hick，Darren Hudson. Authorship，Co–Authorship，and Multiple Authorship. The Journal of Aesthetics and Art Criticism 72，no. 2（2014）：147–156.

[17] Irvin，Sherri. Appropriation and Authorship in Contemporary Art. The British Journal of Aesthetics 45，no. 2（2005）：123–137.

[18] Manovich，Lev. Post–media Aesthetics. Accessed August 7，2021.

[19] Wack，Daniel. Artistic Medium.［2022–08］. The Internet Encyclopedia of Philosophy，ISSN 2161–0002. https：//iep.utm.edu/art–medi/. Archived at https://perma.cc/8E5RB4PC.

[20] Baumgaertel，T，Net. Art 2.0：New Materials towards Net Art，Bild–Kunst，Bonn，2001.

[21] Bosma，J，Nettitudes：Let's Talk Net Art，NAi Publishers，Rotterdam，2011.

[22] Paul，C，Digital Art，Thames & Hudson，London，2008.

[23] Bolter，JD & R Grusin. Remediation：Understanding the New Media，the MIT Press，Cambridge，2000.

[24] Bazzichelli，Tatiana. 2008. Networking：The Net as Artwork. Aarhus：Digital Aesthetics Research Center.

[25] Corby, Tom. 2006. Introduction. In Network Art: Practices and Positions, edited by Tom Corby, 1–10. Milton Park: Routledge.

[26] Bosma, Josephine. The Dot on a Velvet Pillow–Net.art Nostalgia and Net Art Today. Skreveti stein. Ennet.artarkeologi. (Written in Stone. A net. art archaeology.) Exhibition catalogue. Ed. Per Platou. Oslo: Museet for Samtidskunst, 2003.